학술논문 서지기술 시리즈 II

Chicago Style

– 주·참고문헌 –

김 남 석 편저

계명대학교 출판부
2006

학술논문 서지기술 시리즈 II
Chicago Style
인쇄 | 2006년 1월 20일
발행 | 2006년 1월 25일
편저자 | 김남석
펴낸이 | 이진우
펴낸곳 | 계명대학교출판부
704-701 대구시 달서구 신당동 1000번지
전화 053-580-6233 팩스 053-583-5213
등록 | 1970. 9. 1. (신고번호 제347-1998-1호)
ISBN 89-7585-346-2 93000
값 7,000원

서　문

Chicago Style(The Chicago Manual of Style)은 Chicago대학 출판부가 저서와 논문의 체제와 형식을 체계화하기 위해 1890년에 한 장으로 작성한 Manual이 모태가 되어 1906년에 단행본(*Manual of Style*)으로 출판되었으며, 판을 거듭하여 1969년(*The Manual of Style*) 12판, 1982년(*The Chicago Manual of Style*) 13판, 1993년 14판, 2003년에 15판 *The Chicago Manual of Style*, 15th edition (Chicago: The University of Chicago Press, 2003)을 발간하게 되었다.

본 자료의 내용은 *Chicago Manual of Style* 제15판을 근간으로 하여 한국어자료, 한국고서, 영어자료를 비롯한 일본어자료의 내주, 각주 및 참고문헌의 서지작성 기술 원칙을 도형으로 나타내고, 형식에 필요한 설명과 많은 예를 제시하여 연구자가 필요한 경우에 한 곳에서 내주 및 각주와 참고문헌의 예를 일람할 수 있게 하였으며, 원본을 참조할 수 있도록 항목마다 원본의 번호를 제시하였다. 특히 원본에 제시되지 않은 한국어자료와 일본어자료의 서지기술은 해당 어법에 따라 기술할 수 있도록 배려하였다. 제시된 내용은 Chicago Style 중 우리나라 연구자들에게 주로 많이 적용될 수 있는 부분을 비교적 상세한 항목까지 포함시키려고 노력하였다.

이 자료는 필자가 2000년부터 매학기 계명대학교 대학원에서 Chicago Style 논문작성법특강을 위해 수집한 자료를 정리하고, 특강 경험을 바탕으로 필요한 사항에 설명을 가하여 보다 쉽게 응용할 수 있게 하였다. 그러므로 본서는 Chicago Style을 채택하고 있는 학회나 대학원에서 학술논문과 학위논문을 작성하는 연구자들에게는 유용한 자료가 될 것이다.

이 자료가 나오기까지는 여러분의 많은 도움으로 가능할 수 있었다. 먼저 계명대학교 대학원의 논문형식의 일관성을 위해 본대학원에서 필자가 주관하여 발행한 **학술논문작성법** 제정에 함께 한 계명대학교 오동근, 방대욱,

이승희, 김수경 교수님께 감사드리고, 편집에 애써준 계명대학교 출판부 관계자, 교정을 보아준 동산도서관 조현길 선생님, 경영대학원 조도희 선생님에게 감사의 뜻을 전한다.

2006년 1월

김 남 석 識

차 례

III. 보고서(17.241,306) ▸ 79

IV. 연속간행물 ▸ 86

V. 학위논문(미공간). 기타 ▸ 102

VI. 비도서자료 ▸ 112

I. 각주, 내주 및 참고문헌 예

1. 각주와 참고문헌

김두진[1)]은 …

조동길, 송재일[2)]은 …

김두진,[3)] 현규섭[4)]은 …

서정우, 팽원순, 한병구[5)]는 …

김영희 등[6)]은 … …이다.[7)]

McGrath[8)]는 …

Millsap와 Ferl[9)]은 …

A. I. P. Smith,[10)] L. M. Smith[11)]는 …

Brett, Johnson, Bach[12)]은 …

Jensen 등[13)]은 …

김남길, 오동섭,[14)] 김남석[15)] …

McGrath,[17)] Millsap와 Ferl[18)]은 …

McGrath[19)] tells the story succinctly, but …

… represented by Brett, Johnson, Bach,[20)] …

Millsap and Ferl[21)] reported … Jensen et al.[22)] …

The State Department's paper stressed "developing a major part of the world by using the economic resources … of the super powers."[23)]

*인용된 내용에 주의 번호를 예와 같이 표시한다.
*인용된 저자명은 한국어인명은 '성명'을, 영어형식의 인명은 '성'을 표시한다.
*한국어 문장의 영어 공저자명이 2인일 때는 성과 이름이 식별될 수 있도록 '성과(와) 성'으로 기재하고, 3인은 '성, 성, 성'으로 기재한다.
*두 개 이상의 자료를 함께 인용할 때는 저자명의 언어별 문자순으로 기재한다.
*인용문 중 생략되는 부분은 삼점줄임'…'으로 표시한다.

1) 김두진, **신라 화엄사상사 연구** (서울: 서울대학교 출판부, 2002), 34.
2) 조동길, 송재일, **현대문학의 이해** (공주: 공주대학교 출판부, 2002), 89.
3) 김두진, 55.
4) 현규섭, **自動化目錄法序說: KOR MARC포멧을 중심으로** (서울: 아세아문화사, 1986), 11-22.
5) 徐正宇, 彭元順, 韓炳九, **比較新聞學** (서울: 法文社, 1981), 36.
8) John T. McGrath, *The French in Eraly Florida: In the Eye of the Hurricane* (Gainesville: University Press of Florida, 2000), xii.

9) Larry Millsap and Terry Ellen Ferl, *Descriptive Cataloging for the AACR2R and The Integrated MARC Format*, Rev. ed. (New York: Neal-Schuman, 1997), 49-54.

10) Adam I. P. Smith, "Partisan Politics and the Public Sphere: The Civil War North," *American Nineteenth Century History* (London) 2 (Summer 2001): 85-103.

11) Larissa M. Smith, *Where the South Begins: Black Politics and Civil Rights Activism in Virginia, 1930-1951* ([S.l.]: Emory University, 2001), 19.

13) Finn B. Jensen et al., *Computational Ocean Acoustics* (Woodbury, NY: American Institute of Physics, 1994), 69.

17) McGrath, 33.

18) Millsap and Ferl, 501-02.

20) P. D. Brett, S. W. Johnson, and C. R. T. Bach, *Mastering String Quartets* (San Francisco: Amati Press, 1989), 33.

22) Jensen et al., 32.

*각주는 본문에 인용된 순서로 주번호와 해당 서지사항을 규정된 형식으로 기재한다.
*각주의 저자명은 한국어인명은 성명을, 영어형식의 인명은 '이름 성'으로 기재한다.
*공저자명은 3인까지 기재하고 4인부터는 처음저자에 '등', '他', 'et al.' 등을 부기한다.
*식별이 필요한 발행지명은 상위지명(약명)을 부기한다.

1) 반복인용: 'Ibid' 사용

1) 오동근, DDC **연구** (대구: 계명대학교 출판부, 2002), 34.

2) Ibid., 50-52. = 상게서, 50-52. = 앞의 책, 50-52.

3) Deborah J. Byrne, *MARC Manual: Understanding and Using MARC Records,* 2nd ed. (Englewood: Libraries Unlimited, 1998), 25.

4) 오동근, **DDC 연구,** 55-57.

5) Ibid.

6) Ibid., 43.

7) Byrne, 38.

8) 오동근, "한국도서관을 위한 DDC의 재전개방안," **한국문헌정보학회지** 제35권, 제4호 (2001): 45-53. = 35 (2001년 12월): 45-53. = 35, no. 4 (2001): 45-53.

9) 오동근, **DDC연구**, 33.

10) 오동근, "한국도서관," 47-48.

11) Alfred Harbage, *Shakespeare and the Rival Tradition* (New York: McMillan, 1952), 284.

12) Ibid., 187.

13) Ibid.

14) Alfred Harbage, *Shakespeare's Audience* (New York: Columbia University Press, 1941), 236.

15) Ibid., 22.

16) Harbage, *Shakespeare and*, 78.

17) 徐正宇, 彭元順, 韓炳九, **比較新聞學** (서울: 法文社, 1981), 36.

18) C. Gide and C. Rist, *A History of Economic Doctrines*, 2nd ed. (London: George C. Harrap, 1994), 499-541.

19) 徐正宇, 彭元順, 韓炳九, 47.

20) Ibid., 55.

21) Gide and Rist, 501-02.

22) P. D. Brett, S. W. Johnson, and C. R. T. Bach, *Mastering String Quartets* (San Francisco: Amati Press, 1989), 33.

23) Ibid., 89.

24) **현대문학전집** (서울: 현대문학사, 1997), 2:35-50.

25) Ibid., 1:57-88.

26) *The Story of Moravian Missions* (London: Nelson and Sons, [n.d.]), 130.

27) **현대문학전집**, 5:171-88.

28) *Story of Moravian Missions,* 117.

*'Ibid'를 '상게서' 또는 '앞의 책'으로 쓰기도 한다. 어느 것을 사용하든지 통일해서 사용해야 한다.

*한 저자의 2개 이상의 작품 인용은 2번째 이하의 각주에서는 저자명(영어는 성)에 서명의 일부를 기재하여 자료가 식별되게 한다.

2) 반복인용: '저자명' 사용

1) 오동근, **DDC연구** (대구: 태일사, 2001), 34.

2) 오동근, **DDC연구**, 50-52.

3) Deborah J. Byrne, *MARC Manual: Understanding and Using MARC Records,* 2nd ed. (Englewood: Libraries Unlimited, 1998), 25.

4) 오동근, "한국도서관을 위한 DDC의 재전개방안," **한국문헌정보학회지** 35 (2001년 12월): 45-53. = 35, no. 4 (2001): 45-53.

5) Byrne, 284.

6) 오동근, **DDC연구**, 33.

7) 오동근, "한국도서관을 위한," 47-48.

8) Alfred Harbage, *Shakespeare and the Rival Tradition* (New York: McMillan, 1952), 284.

9) Harbage, *Shakespeare and*, 187.

10) Alfred Harbage, *Shakespeare's Audience* (New York: Columbia University Press, 1941), 236.

11) Harbage, *Shakespeare's Audience*, 22.

12) 徐正宇, 彭元順, 韓炳九, **比較新聞學** (서울: 法文社, 1981), 36.

13) C. Gide and C. Rist, *A History of Economic Doctrines*, 2nd ed. (London: George C. Harrap,

1994), 499-541.

14) 徐正宇, 彭元順, 韓炳九, 47.

15) Finn B. Jensen et al., *Computational Ocean Acoustics* (Woodbury, NY: American Institute of Physics, 1994), 69.

16) Gide and Rist, 501-02.

17) P. D. Brett, S. W. Johnson, and C. R. T. Bach, *Mastering String Quartets* (San Francisco: Amati Press, 1989), 33.

18) Jensen et al., 32.

19) Brett, Johnson, and Bach, 89.

20) **현대문학전집** (서울: 현대문학사, 1997), 2:35-50.

21) **현대문학전집**, 5:171-88.

22) *The Story of Moravian Missions* (London: Nelson and Sons, [n.d.]), 130.

23) *Story of Moravian Missions,* 117.

*반복인용에서 저자명을 사용할 때는 한국인명은 '성명,' 영어인명은 '성'을 기재하고, 동일 저자의 2개 이상의 저작에 대한 반복인용은 서명이나 논문명의 일부를 기재하여 식별될 수 있게 한다.
*논문의 반복인용은 단행본과 같이 연구자명에 인용면수를 콤마로 구분하여 기재한다.
*무저자명자료의 반복인용에서 표제의 처음에 있는 관사를 제외한 서명을 기재한다.

3) 각주의 참고문헌

郭鍾錫, 曺兢燮. **心理門辨**. 筆寫本. 1冊. [刊記未詳].

*한장본은 권책을 분명히 하고 있기 때문에 모든 자료에 권책표시를 해야 한다. 1권1책은 '1冊', '單', '完', '全' 등으로 하고, 그 외는 '×卷×冊'으로 기재해야 한다.
*한장본은 판차표시로 '筆寫本', '木板本', '活字本(木, 鉛, 鑄)', '癸未字本', '甲寅字本' 등의 명칭을 기재한다.

김기원. "관여도에 따른 광고에 대한 태도변인의 타당도 검증." 석사학위논문, 계명대학교, 1992.

本岡直子. "外國語讀力構成要因." 博士學位論文, 廣島大學, 2001.

三輪伸春. **英語の語彙史: 借用語を中心に**. 東京: 南雲堂, 1995.

*일본인명은 우리말 한자음으로 배열순서를 정하거나, 일본자료만 모아서 일본 가나로 배열순서를 정한다.

오동근. "전거레코드의 작성에 관한 연구: 특히 GARE의 한국적 적용과 관련하여." **한국문헌정보학회지** 27 (1994년 12월): 75-97.

-------. "전거통제에 관한 편목의 이론적 고찰." **도서관** 49, no. 3 (1994): 31-43.

*동일인은 저저명을 반복하여 기재하지 않고 일정한 길이의 '-----'로 표시한다.

오동근, 장흥섭, 김광석. "공공도서관 이용자의 불만족요인과 불평행동: 대구 지역 공공도서관을 중심으로." **한국도서관·정보학회** 32, no. 4 (2001): 1-24.

*저자명은 단일 저작을 먼저 배열하고, 공저서는 그 다음에 배열한다.

柳袗. **修巖先生文集**. 木板本. 6卷3冊. 安東: 屛山書院, 肅宗39[1713].

*서기년도 이외의 기년은 자료의 기년을 기재하고 서기년도를 [ ]로 부기한다.

李萬華, 李重基, 李天九, 合著. **塩城三世稿**. 木活字本. 3卷1冊. [刊地未詳]: 湖隱齋, 1948.

*2인 이상의 저서를 합집한 자료는 역할어를 '合著'로 표시한다.
*간행지명을 알 수 없을 때는 신간서는 [S.l.]=Sine loco=without place의 약자를, 한장본은 [刊地未詳]으로 [ ]에 묶어 기재한다.

이현청. **21세기와 함께 하는 대학**. 서울: 민음사, 2000.

李滉. **經書釋義**. 琴應壎 編. 木板本. 單. 禮安: 陶山書院, 光海元年[1609].

클라크, 알렌 D. *Parables of the Bible*. 서울: 대한기독교출판사, 1976.

*서양인명이 번역된 한국어로 기재될 때는 한국어문자순으로 배열한다.

한국도서관협회, 편. **韓國目錄規則**. 3版. 서울: 한국도서관협회, 1998.

현대한국문학전집. 서울: 현대문학사, 1997.

Allende, Isabel. "Toad's Mouth." Trans. by Margaret Sayers Peden. In *A Hammock Beneath the Mangoes: Stories from Latin America,* edited by Thomas Colchie, 27-79. New York: Plume, 1992.

Austin, Jane. *Minor Works*. Edited by R. W. Chapmann. Vol. 6 of *The Novels of Jane Austin*. London: Oxford University Press, 1934.

-------. *The Novels of Jane Austin*. Edited by R. W. Chapmann. 5 vols. 3d. ed. London: Oxford University Press, 1932-34.

Bush, Jane R. "Rhetoric and the Instinct for Survival." *Political Perspectives* 29 (March 1990): 45-53.

De Mordaunt, Walter J. *Assignments in Rhetoric.* New York: McMillan, 1963.

*복합성은 연결된 한 단어로 간주하여 배열한다.

Lyon, Mary, Bryce Lyon, and Henry S. Lucas. *The Wardrobe Book of William de Norwell, 12 July 1338 to 27 May 1340*. With the collaboration of Jean de Sturler. Brussels: Commission Royale d'Histoire de Belgique, 1983.

MacLeish, A. "The Reorganization of the Library of Congress, 1939-1944." *Library Quarterly* 14, no. 4 (1988): 284-97.

McGinnis, J. P. *The Surprising Modernism of "Troilus and Cressida"*. In press.

Mitchell, T. R. **페미니스트 문학비평**. 김경수 역. 서울: 문학과 비평사, 1988.

*번역서의 원저자명은 영어인명으로 기재하고 영어자료와 함께 알파벳순으로 배열한다.

Park, Joon-Shik. *Information Service*. Daegu: Keimyung University Press, 1998. (In Korean)

*한국인명이 영어로 기재된 경우는 알파벳순으로 배열한다.

Schlesinger, Arthur M., Jr., gen. ed. *History of U. S. Political Parties*. 4 vols. New York: Chelsea, 1973.

*'Jr.', 'Sr.', 'III'는 저자명의 뒷부분에 ','로 구분하여 기재한다.

The Story of Moravian Missions. London: T. Nelson and Sons, [n.d.].

*무저자명 자료는 서명 앞에 있는 관사(The, An, A)를 제외한 다음 단어로 배열한다.

Taylor, Arlene G. *Wynar's Introduction to Cataloging and Classification*. 9th ed. Englewood, Colorado: Libraries Unlimited, 2000.

Thompson, Oscar, ed. *International Cyclopaedia of Music and Musicians*. New York: Dodd, Mead, 1936.

Tillich, Paul. *Systematic Theology*. 3 vols. Chicago: University of Chicago Press, 1951-63.

Unesco. *Pre-school Education: Statistical Reports and Studies*. Paris: Unesco, 2000.

U.S. Commerce Department. *An Act to Provide the Small Business Administration Continuing Authority to Administer a Program for Small Innovative Firms, and for Other Purposes*. Washington, DC: GPO., 1986.

*단체명이 약자로 표시되어 있을 때는 약자의 문자순으로 배열한다.

Wiens, J. A. "Avian community ecology: An Iconoclastic View." In *Perspectives in*

Ornithology, ed. A. H. Brush and G. A. Clark Jr., 355-403. Cambridge: Cambridge Univ. Press, 1983.

*참고문헌의 영어형식인명은 '성, 이름'으로 기재하고, 2번째 이하의 공저자명은 각주에서와 같이 '이름 성'으로 기재한다.
*단행본의 서명과 연속간행물명은 동양어는 진하게, 영어는 이탤릭체로 기재한다.
*참고문헌의 배열순서는 문자순배열(letter by letter)이나 단어순배열(word by word)로 한다. 여기에서는 단어순배열로 예를 제시하였다.

영어 인명의 배열 예	
Braun, Wernher von D Annunzio, Gabriele de Gaulle, Charles De La'Rey, Jacobus Hercules Della Robbia, Luca De Mille, Agnes george DiMaggio, Joseph Paul Henry III Henry IV Lafontaine, Henri-Marie La Fontaine, Jean de La Gurdia, Fiorello Henry Linde, Otto zur Mabie, Hamilton Wright MacMillan, Donald Baxter	McAdoo, William Gibbs M'Carthy, Justin McAuley, Catherine Elizabeth North Pole NOW (National Organization for Women) Ramée, Marie Louise de la Saint-Beuve, Charles-Augustin Saint-Gaudens, Augustus San Martin, José de St. Denis, Ruth St. Laurent, Louis Stephen Van Devanter, Willis Van Rensselaer, Stephen

2. 내주와 참고문헌

1) 인용문에 저자명이 포함된 경우

김두진(2002, 31)은 …　　　　　조동길, 송재일(2002, 129)은 …

서정우, 팽원순, 한병구(1981, 36)에 따르면, …

김영희 등(2000, 25-30)이 제시한 …

1989년 10월 12일에 실시한 전화 인터뷰에서 양주동(1998)은 …

McGrath(2000, xii)은 …

Floyd의 연구결과(2000, 11)에 의하면 … Jensen 등(1994, 69)은 …

Millsap와 Ferl(1997)은 … ← 영어로 된 2인 공저자는 '와(과)'로 기재

Woolf, Young, Fanselow(1994, 89-90)은 …

Lyons([n.d.], 47)은 … ← 발행년이 불명인 경우

A. I. P. Smith(2001, 85-87), L. M. Smith(2001, 19)에 의하면 … ← 동일성을 가진 인명이 식별이 필요할 때 이름까지 기재

한국도서관협회에서 발행한 통계자료에 의하면(2001, 54) …

McGrath (2000) tells the story succinctly, but …

… studied by Millsap and Ferl (1997).

Jensen et al. (2000) …

The State Department's paper stressed "developing a major part of the world by … of the super powers" (2001, 56).

Tannen has argued this point (1998, 178-85).

According to a study sponsored by the National Research Council (1998, 15)

*저자명이 문장 중에 포함된 경우는 내주는 발행년과 면수만 기재한다.

2) 인용문에 저자명이 포함되지 않은 경우

(이한규 2005) (李瀷 [刊年未祥]) (Johnson 1999)

(조태진 1996, 20) (許景胤 1869, 跋文) (Henry 2005, 33)

*한국인명은 '성명 발행년도, 면수,' 영어형식인명은 '성 발행년도, 면수'로 기재한다.

*선행연구의 개관에서와 같이 전체자료를 나타낸 인용은 면수를 채용하지 않는다.
*발행년은 서기년도를 기재하고, 필요한 경우는 자료의 기년을 []나 ()로 부기한다.
*면수의 표시는 인용된 원자료에 나타난 면수표시를 그대로 기재한다.

(류재술, 이상염 2001, 28) (Blanton and Cook 2002, 33)

(김혜리, 최병갑, 김성아 2001, 97)

(Brett, Johnson, and Bach 2002, 76)

***공저자**: 동양인명은 ','로, 서양인명은 '성과 성'을 '&' 또는 'and'로 기재한다.

(박찬성 등 2002, 89) (Sechzer et al. 1996, 21-22)

***4인 이상의 공저자**: 처음 저자명에 '등,' '외,' '他,' 'et al.', 'and others' 등을 적고 2번째 이하의 저자명은 생략한다.

(강한영 [n.d.]) (Creasey [n.d.])

(**춘향전** [n.d.], 47) (**起信論私記** [刊年未祥])

***발행년도를 알 수 없는 경우**: 양장본은 no date의 약자인 '[n.d.]'로 기재하고, 한국고서는 '[刊年未祥]' '[發行年不明]', '[發行年未祥]' 등으로 기재한다.

(김재명, 김경남, 박정규 등 2005)

(김재명, 김경남, 박승혁 등 2005)

= (김재명 등, "적색 형광체의 합성" 2005)

(김재명 등, "황색 형광체의 합성" 2005)

(Zipursky, Smith, Jones, and Brown 1995)

(Zipursky, Hull, White, and Israels 1995)

= (Zipursky, Smith, et al. 1995)

(Zipursky, Hull, et al. 1995)

= (Zipursky et al., "Brief notes" 1995)

(Zipursky et al., "Preliminary findings" 1995)

***동일년도 발행 2개 이상의 공저서**: 4인 이상의 공저서로 동일인이 포함된 2개 이상의 저작은 식별될 수 있는 공저자명까지 기재하거나, 처음 저자명만 적을 때는 서명이나 논문명의 일부를 함께 기재한다.

(교육인적자원부 2005)

(계명대학교, 학생생활연구소 2005) = (계명대학교 2005)

(한국. 국회 2005) (한국. 대통령 2005)

(International Monetary Fund 1977, 37)

(Ohio State University, College of Administrative Science, Center for Human Resource Research 1993) ← 단체명의 처음 한 번은 완전한 형식

= (Ohio State University 1993) ← 두 번째 이하 반복인용 때는 간략히 표시

= (Center for Human Resource Research 1993)

(British Standards Institute 1985)

(U.S. Congress, Senate 1982, 3832-34) (U.S. President 1984, 341)

***단체명**: 단체에서 발행한 저작은 '(단체명 발행년, 인용면수)'의 형식으로 기재하고, 상,하위 기관명으로 된 단체명은 '(상위단체명, 하위단체명 발행년, 인용면수)'의 형식으로 기재한다. 단체명이 길 때는 처음 한 번은 완전명을 기재하고, 재인용에서는 간략히 기재한다.

(오동근 1994a, 1994b, 1999) = (오동근 1994a,b, 1999)

(오동근 1994a, 20; 오동근 1994b, 7; 오동근 1999, 9; 오동근 2002, 10)

= (오동근 1994a, 20; 1994b, 7; 1999, 9; 2002, 10)

(McHugh 1999a, 1999b, 2000) = (McHugh 1999a,b, 2000)

(McHugh 1999a, 10; McHugh 1999b, 4; McHugh 2000, 6)

= (McHugh 1999a, 10; 1999b, 4; 2000, 6)

(오동근, "전거레코드의 작성" 1994, 14) = (오동근 1994a, 14)

(오동근, "전거통제에 관한" 1994, 33) = (오동근 1994b, 33)

***한 저자의 동일 년도에 발행한 2개 이상의 저작**: 발행년에 'a, b, c'의 순서의 문자를 첨부하거나 자료명(서명, 논문명)을 부기하여 저작을 구분되게 한다.

(김남석 2002, 102; 이진영 2001, 109)

(오동근 2003, 27; 2004, 38; 정필모 1989a, 1989b)

(Kaku 1998, 42; McRae 2001, 101-33)

(이상옥 1952, 3:47-38)　　(Barnes 1998, 2:354-55; 3:29)

(Gilbert and Gubar 1978, 1-25; Murphy 1988, 39-52)

(Armstrong, Yang, and Cuneo 1990, 80-82; Taylor 1981, A1)

(김정현 2002, 393; 2001, 24; 김정현, 이명규 2003, 247; McIlwaine 1994, 29; Scott 2003, 92)

***2개 이상의 저작 동시 인용**: 내주의 언어순은 한국어 다음에 한국어로부터 가까운 언어순으로 하고, 다시 각 언어의 문자순으로 배열한다. 동일인의 두 개 이상의 저작은 발행년도순으로 한다.

(오동근 2004, 38; 2003, 27; 정필모 1989a, 1989b)

(Murphy 1988, 39-52; Gilbert and Gubar 1978, 1-25)

(Armstrong, Yang, and Cuneo 1990, 80-82; Taylor 1981, A1)

(김정현, 이명규 2003, 247; Scott 2003, 92; 김정현 2002, 393; McIlwaine 1994, 29)

***2개 이상의 저작 동시 인용**: 내주를 연도순으로 기재할 때는 인명의 문자에 상관없이 최신 연도순으로 기재한다.

(허승덕 2002, 34, 67)　　(김기한 2000, 그림 7)

(최강혁 2003, 그림 1, 도표 3)　　(진원숙 2001, 2:217-19)

(진원숙 2001, 제2권)　　(진원숙 2001, 1:15, 34; 2:51-53)

(Smith 1998, 21, 34)　　(Johnson 1997, fig. 3)

(Sandler 2000, fig. 3, table 2)　　(Churchill 1957, 3:23-34)

(Churchill 1957, v. 2)　　(Churchill 1957, 1:45, 76; 2:8-9)

***인용면수**: 인용한 자료에 나타난 면수나 권수, 도면이나 그림 등의 명칭(표시된 약자)과 번호나 면수를 그대로 기재한다.

(백린 2004)　　(백린, 전화면담 2004년 3월 7일)

(Zulch 1993)　　(Zulch, telephone interview 1 April 1993)

(김열규 2003)　　(김열규, 방문면담 2003년 2월 10일)

(이재철 2005)　　(이재철, 서신 2005년 4월)

(Spieth 1992) (Walter Spieth, letter to the author June 1992)

***면담자료**: 동일인의 면담자료가 1회일 때는 저자명과 년도로 작성하고, 2회 이상은 연월일까지 기재한다.

(**국사대사전**, "임진왜란")

(*Encyclopedia Britannica,* 11th ed., s. v. "cold war")

*s.v. = sub verbo = under the word

(Morris Jastrow, "Nebo," in *Encyclopaedia Britannica*, 11th ed.)

***사전, 백과사전 기사**: 사전의 기사는 저자가 있을 때와 없을 때로 구분하여 저자가 있는 것은 '저자명, "기사," 사전명'으로, 저자가 없을 때는 '사전명, "기사"'의 형식으로 기재한다.

(**조선일보** 2005, 3면) (*New York Times* 2000)

***신문기사**: 일간지는 '신문명 연도'의 형식으로 기재한다.

(**홍길동전** 1942, 42) (*Report* 2000, 3) ("Decade" 1998).

(*Publication Manual of the American Psychological Association* 1997, 53-62)

***무저자명자료**: 동양어 서명은 진하게, 영어서명은 이탤릭체, 논문명은 " "으로 기재한다.

(L. M. Smith 2001, 30) (A. I. P. Smith 2001, iv)

***서양인명으로 동일 성을 가진 자료**: 동일 성을 가진 영어 인명이 식별이 필요할 경우는 이름까지 기재한다.

(최돈찬 2005, 117-23) (Boehnke 2000, 24)

(Review of *Fool for love* 1983, 18[N])

***리뷰자료**: 리뷰자가 있는 자료는 리뷰자를 중심으로, 리뷰자가 없는 자료는 원자료의 표제와 리뷰와의 관계를 기재한다. 이때 원자료명은 이탤릭체로 기재한다.

3) 인용문에 저자명과 자료명이 포함된 경우

McRae's *The Literature of Science* includes many examples of this trend.

김정현은 **목록조직의 실제**에서 그 예를 설명과 함께 제시하고 있다.

브리태니커 백과사전(11판)에서…

*문장 중에 저자명과 서명이 포함된 경우는 인용면수만 기재하거나 전체를 인용할 때는 인용(주)표시를 하지 않고 참고문헌에 기재한다.

4) 블록인용

현규섭은 국립중앙도서관의 MARC개발에 대하여:

> 국립중앙도서관은 한 나라의 범정[i.e. 법정]납본기관이며 국비에 의해 공익적 선 투자의 가능성을 가진 기관이란 점에서 마땅히 MARC의 개발의 임무가 부여되어 있다. …수용할 수 있었던 체질에서 1980년대의 여명으로서 한국문헌 자동화목록법을 출범시켰던 것이다. 이는 진실로 도서관의 자원을 통신계와 연결시키려는 노력이었다(1986, iii).

*본문을 5행 이상 인용할 때는 블록인용(block quotation)형식으로 기재한다.
*블록인용은 본문의 문자보다 2포인트 낮추어 행간을 좁히고, 좌우양쪽을 2자 정도 들여쓰기로 기재한다.

5) 내주의 참고문헌

郭鍾錫, 曺兢燮. [刊年未詳]. **心理門辨**. 筆寫本. 1冊. [刊記未詳].

*발행사항을 알 수 없을 때는 '[刊記未詳]' 발행년을 알 수 없을 때는 '[刊年未祥]'으로 기재한다.

김기원. 1992. 관여도에 따른 광고에 대한 태도변인의 타당도 검증. 석사학위 논문, 계명대학교.

本岡 直子. 2001. 外國語讀力構成要因. 博士學位論文, 廣島大學.

三輪 伸春. 1995. **英語の語彙史: 借用語を中心に**. 東京: 南雲堂.

오동근. 1994a. 전거레코드의 작성에 관한 연구: 특히 GARE의 한국적 적용과 관련하여. **한국문헌정보학회지** 27 (12월): 75-97.

-------. 1994b. 전거통제에 관한 편목의 이론적 고찰. **도서관** 49, no. 3:31-43.

*동일인의 2개 이상의 저작이 발행년도가 동일할 때는 표제의 문자순으로 배열한다.

오동근, 장홍섭, 김광석. 2001. 공공도서관 이용자의 불만족요인과 불평행동:

대구지역 공공도서관을 중심으로. **한국도서관·정보학회** 32, no. 4:1-24.

*동일인의 저서는 단일 저작을 먼저 배열하고, 공저서는 그 다음에 배열한다.

柳袗. 1713(肅宗39). **修巖先生文集**. 木板本. 6卷3冊. 安東: 屛山書院.

*서기년 이외의 발행년은 자료의 기년을 서기년도에 ()로 묶어 부기한다.

李萬華, 李重基, 李天九, 合著. 1948. **塩城三世稿**. 木活字本. 3卷1冊. [刊地未詳]: 湖隱齋.

이현청. 2000. **21세기와 함께 하는 대학**. 서울: 민음사.

-------. 2001. 대학의 도덕성과 윤리의식의 과제. **대학교육** 111:99-107.

*동일인의 2개 이상의 저작은 발행년도 순으로 배열한다.

클라크, 알렌 D. 1976. *Parables of the Bible*. 서울: 대한기독교출판사.

*서양인명이 한국어로 기재될 때는 한국어문자순으로 배열한다.

한국도서관협회, 편. 1998. **韓國目錄規則**. 3版. 서울: 한국도서관협회.

현대한국문학전집. 1997. 서울: 현대문학사.

Allende, Isabel. 1992. *Toad's mouth*. Translated by Margaret Sayers Peden. In *A hammock beneath the mangoes: Stories from Latin America,* edited by Thomas Colchie, 27-79. New York: Plume.

Auden, W. H. 1965. *Notes on the comic*. In *Comedy: Meaning and form,* edited by Robert Corrigan. San Francisco: Chandler.

Austin, Jane. 1932-1934. *The novels of Jane Austin*. Edited by R. W. Chapmann. 3rd. ed. 5 vols. London: Oxford University Press.

-------. 1952. *Jane Austin's letters to her sister Cassandra and others*. Edited by R. W. Chapmann. 2nd ed. London: Oxford University Press.

Bodonski, Ilya. 1989. Caring among the forgotten. *Journal of Social Activism* 14 (Fall): 112-34.

Bush, Jane R. 1990. Rhetoric and the instinct for survival. *Political Perspectives* 29 (March): 45-53.

De Mordaunt, Walter J. 1963. *Assignments in rhetoric.* New York: MacMillan.

*복합성은 한 단어로 간주하여 배열한다.

Ellet, Elizabeth F. L. 1968. By rail and stage to Galena. In *Parairie state: Impressions of Illinois, 1673-1967, by travelers and other observers*, edited by Paul M. Angle, 271-79. Chicago: University of Chicago Press.

Lyon, Mary, Bryce Lyon, and Henry S. Lucas. 1983. *The wardrobe book of William de Norwell, 12 July 1338 to 27 May 1340.* With the collaboration of Jean de Sturler. Brussels: Commission Royale d'Histoire de Belgique.

McHugh, Roland. 1980. Annotations to "*Finnegans wake*". Baltimore: Johns Hopkins Universisy Press.

Mitchell, T. R. 1988. **페미니스트 문학비평.** 김경수 역. 서울: 문학과 비평사.

*번역서의 영어인명은 표기법상의 혼란을 피하기 위해 번역된 한국어로 기재하지 않고 영어명으로 기재한다.

Park, Joon-Shik. 1998. *Information service*. Daegu: Keimyung University Press. (In Korean).

Ray, Gordon N., ed. 1959. *An introduction to literature.* Vol. 2, *The nature of drama*, by Hubert Hefner. Boston: Houghton Mifflin.

Schlesinger, Arthur M., Jr., gen. ed. 1973. *History of U.S. political parties*. 4 vols. New York: Chelsea.

*저자명에 붙은 'Jr.', 'Sr.', 'III'와 같은 용어는 저자명의 뒷부분에 ','로 구분하여 기재한다.

The story of Moravian missions. [n.d.]. London: T. Nelson and Sons.

*서명 앞부분의 관사(The, An, A)는 그 다음 단어를 배열기준으로 한다.

Thompson, Oscar, ed. 1936. *International cyclopaedia of music and musicians*. New York: Dodd, Mead.

Tillich, Paul. 1951-63. *Systematic theology.* 3 vols. Chicago: University of Chicago Press.

Unesco. 2000. *Pre-school education: Statistical reports and studies*. Paris: Unesco.

Wiens, J. A. 1983. Avian community ecology: An iconoclastic view. In *Perspectives in ornithology*, ed. A. H. Brush and G. A. Clark Jr., 355-403. Cambridge: Cambridge Univ. Press.

3. 재인용 (17.274)

듣건대 이것은 "반도의 이범승이 도서를 수집해서 청년에게 읽도록 계획한 것이다"(西村緣也 1930, 15).[1)]

FitzGerald has phrased it, "to relate the fall of sparrows in distant land to some fault or virtue of American policy" (2002, 474)[2)].

*재인용 예를 각주와 내주를 함께 표시하고 해당 참고문헌을 각각 제시하였다.

각주

1) 西村緣也, **朝鮮教育大觀** (京城: 朝鮮教育大觀社, 1930), 15, 金南碩, **日帝下公共圖書館의 社會教育活動** (大邱: 계명대 출판부, 1991), 11에서 재인용.

2) Francis FitzGerand, *Way Out There in the Blue: Reagan, Star Wars, and the End of the Cold War* (New York: 2000), 474, quoted in Michael H. Hunt, "In the Wake of September 11: The Clash of What?" *The Journal of American History* 89 (September 2002): 424.

참고문헌(각주)

西村緣也. **朝鮮教育大觀**. 京城: 朝鮮教育大觀社, 1930. 金南碩, **日帝下公共圖書館의 社會教育活動** (大邱: 계명대 출판부, 1991), 11에서 재인용.

= 金南碩. **日帝下公共圖書館의 社會教育活動**. 大邱: 계명대 출판부, 1991.

西村緣也. **朝鮮教育大觀**. 京城: 朝鮮教育大觀社, 1930. 金南碩 1991, 11에서 재인용.

FitzGerand, Francis. *Way Out There in the Blue: Reagan, Star Wars, and the End of the*

Cold War. New York, 2000. Quoted in Michael H. Hunt, "In the Wake of September 11: The Clash of What?" *The Journal of American History* 89 (September 2002): 424.

= FitzGerand, Francis. *Way Out There in the Blue: Reagan, Star Wars, and the End of the Cold War.* New York, 2000. Quoted in Hunt 2002, 424.

Hunt, Michael H. "In the Wake of September 11: The Clash of What?" *The Journal of American History* 89 (September 2002): 416-25.

참고문헌(내주)

西村綠也. 1930. **朝鮮教育大觀.** 京城: 朝鮮教育大觀社. 金南碩, **日帝下公共圖書館의 社會教育活動** (大邱: 계명대 출판부, 1991), 11에서 재인용.

= 金南碩. 1991. **日帝下公共圖書館의 社會教育活動.** 大邱: 계명대 출판부.

西村綠也. 1930. **朝鮮教育大觀.** 京城: 朝鮮教育大觀社. 金南碩 1991, 11에서 재인용.

FitzGerand, Francis. 2000. *Way out there in the blue: Reagan, star wars, and the end of the cold war.* New York. Quoted in Michael H. Hunt, In the Wake of September 11: The Clash of What? *The Journal of American History* 89 (September 2002): 424.

= FitzGerand, Francis. 2000. *Way Out There in the blue: Reagan, star wars, and the end of the cold war.* New York. Quoted in Hunt 2002, 424.

Hunt, Michael H. 2002. In the Wake of September 11: The Clash of What? *The Journal of American History* 89 (September): 416-25.

4. 해설주

영어의 'entry'라는 용어를 '기입'보다는 '저록'으로 표현하는 것을 권장하고 있다.[1)†]

Technological advancements have brought advantages as well as unexpected problems.[2)††]

*해설주는 내주의 형식에서도 각주의 형식으로 기재한다. 그러나 해설주에 포함되는 인용문헌은 각주와 내주의 형식으로 각각 기재하고 해당 참고문헌을 기재한다.

각주

1) 다나까(田中敬)는 entry를 기입보다는 "동양목록에 관계가 깊은 저록(著錄)이라는 용어를 사용하는 것이 의의가 있다"(田中敬, **和韓書目錄法: 田中敬著作集** (東京: 早川圖書, 昭和14(1939), 63-64)고 하였고, 한국에서는 기입이라는 혼돈될 수 있는 용어보다는 저록의 사용을 권장하였다(국립중앙도서관, **한국문헌자동화목록형식: 단행본용** (서울: 동 도서관, 1993), 63, 98, 106, 112; 정필모, **목록조직론,** 개정증보판 (서울: 구미무역출판사, 1993), 20-21).

2) For a sampling of materials that reflect the range of experiences related to recent technological changes, see Paul Taylor, "Keyboard Grief: Coping with Computer- Caused Injuries," *Globe and Mail* [Toronto], 27 Dec. 1993, A1+; Stuart Moulthrop, "You Say You Want a Revolution Hypertext and the Laws of Media," *Postmodern Culture* 1, no. 3 (1999): 53 pars. 12 July 1998, http://Jefferson.village.virginia.edu/pmc/text-only/issue.591/moulthro.591 (accessed July 22, 2005); Larry Armstrong, Dori Jones Yang, and Alice Cuneo, "The Learning Revolution: Rechnology Is Reshaping Education - at Home and at School," *Business Week,* 28 Feb. 1994, 80-82.

참고문헌(각주)

국립중앙도서관. **한국문헌자동화목록형식: 단행본용**. 서울: 동 도서관, 1993.

田中敬. **和韓書目錄法: 田中敬著作集**. 東京: 早川圖書, 1939.

정필모. **목록조직론**. 개정증보판. 서울: 구미무역출판사, 1993.

Armstrong, Larry, Dori Jones Yang, and Alice Cuneo. "The Learning Revolution: Technology is Reshaping Education - at Home and at School." *Business Week,* 28 Feb. 1994, 80-88.

Moulthrop, Stuart. "You say You want a Revolution Hypertext and the Laws of Media." *Postmodern Culture* 1, no. 3 (1997): 53 pars. 12 July 1998. http://Jefferson.village.virginia.edu/pmc/text-only/issue.591/moulthro.591 (accessed July 22, 2005).

Taylor, Paul. "Keyboard Grief: Coping with Computer-Caused Injuries." *Globe and Mail* [Toronto], 27 Dec. 1993, A1+.

내주

† 다나까(田中敬)는 entry를 기입보다는 "동양목록에 관계가 깊은 저록(著錄)이라는 용어를 사용하는 것이 의의가 있다"(1939, 63-64)고 하였고, 한국에서는 기입이라는 혼돈될 수 있는 용어보다는 저록의 사용을 권장하였다(국립중앙도서관 1993, 63, 98, 106, 112; 정필모 1993, 20-21).

†† For a sampling of materials that reflect the range of experiences related to recent technological changes, see Taylor 1993, A+; Moulthrop 1999, 53 pars.; Armstrong, Yang, and Cuneo 1994, 80-82.

참고문헌(내주)

국립중앙도서관. 1993. **한국문헌자동화목록형식: 단행본용**. 서울: 동 도서관.

田中敬. 1939. **和韓書目錄法: 田中敬著作集**. 東京: 早川圖書.

정필모. 1993. **목록조직론**. 개정증보판. 서울: 구미무역출판사.

Armstrong, Larry, Dori Jones Yang, and Alice Cuneo. 1994. The learning revolution: Rechnology is reshaping education - at home and at school. *Business Week,* 28 Feb., 80-88.

Moulthrop, Stuart. 1997. You say you want a revolution hypertext and the laws of media. *Postmodern Culture* 1, no. 3:53 pars. 12 July 1998. http://Jefferson.village.virginia.edu/pmc/text-only/issue.591/moulthro.591 (accessed July 22, 2005).

Taylor, Paul. 1993. Keyboard grief: Coping with computer-caused injuries. *Globe and Mail* [Toronto], 27 Dec., A1+.

5. 도표, 그림

<표 III-13> 인천부의 도서관 이용자분석.

구분	연도별 이용자비†			부(府)인구별† 이용자비			
	조선인 (%)	일본인 (%)	계 (%)	조선인	이용자비	일본인	이용자비
1923	106 (29.0)	260 (71.1)	366 (100)	28,093	0.4	11,228	2.3
1924	314 (33.2)	632 (66.8)	946 (100)	29,260	1.0	11,420	5.5
1928	460 (47.2)	515 (52.8)	975 (100)	41,538	1.1	11,969	4.3
1930	813 (52.5)	736 (47.5)	1,549 (100)	49,960	1.6	11,238	6.5
1933	613 (65.5)	332 (34.5)	963 (100)	49,321	1.1	11,691	2.8

자료: 朝鮮總督府, **朝鮮總督府統計年報, 1933年度** (京城(서울): 朝鮮總督府, 1934), 26-27; 仁川市, **仁川市史** (仁川: 仁川市, 1973), 91; **東亞日報**, 1923년 10월 11일, 4면; 1933년 11월 17일, 3면; **朝鮮日報**, 1924년 10월 11일, 3면; 1930년 10월 26일, 7면; **每日申報**, 1928년 10월 9일, 2면.
†이용자 통계는 언론기관에 보도된 내용을 중심으로 조사하고, 인구통계는 조선총독부 자료를 이용하였으며, 기준연도는 자료의 정확성을 고려하여 그 대상을 정하였다.

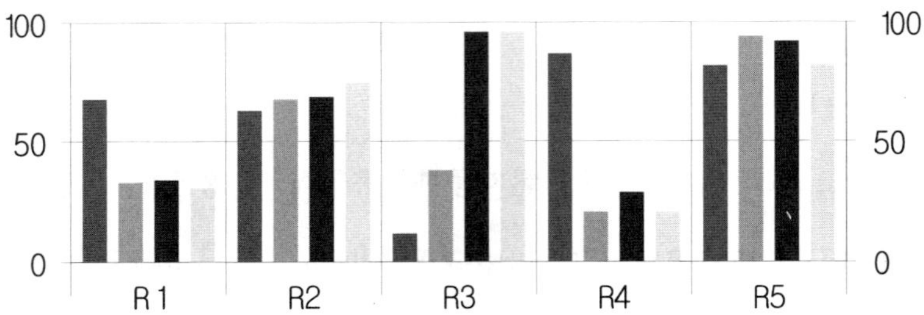

<그림 1-1> 블록 모델링 결과

자료: 박한우, "월드 와이드 웹에 나타난 국제학술 커뮤니케이션 네트워크에 대한 탐사적 연구," **한국문헌정보학회지** 37, no. 2 (2003): 153-168; 안규정, 소민호, "우리나라 과학기술분야 공동연구 현황: SCI논문 공저 자료분석을 중심으로," **과학기술정책** 13, no. 4 (2003): 124-35; L. Leydesdorff, "Indicators of Innovation in a knowledge-based Economy," *Cybermetrics* 5, no. 1 (2001), http://www.cindoc.csic.es/cybermetrics/articles/v5ilp2.html (2005년 10월 28일 검색).

*도표에 대한 제목은 위쪽에 위치하게 하고, 그림에 대한 제목은 아래쪽에 위치하게 한다. Table은 번호표시와 제목을 이탤릭체로, Table의 제목 끝에는 마침표'.'를 찍지 않고, 그림(Figure)의 번호표시는 이탤릭체로 하거나 진하게 하고 제목은 보통활자로 기재한다.
*도표나 그림에 대한 설명적인 어구는 알파벳문자의 위첨자([a, b, c, d])나 별표(*)나 단검표(†)로 구분하여 내용활자보다 2 point 작은 활자로 기재한다. 이때 출처는 '자료:' 또는 'Source:'라는 표출어로 기재한다.
*각종 통계자료에 이용되는 통계적인 symbol인 '*f M n t p r* …' 등은 이탤릭체로 표시해야 한다.

참고문헌(각주)

東亞日報. "仁川圖書館 閱覽數." 1923년 10월 11일, 4면; "仁川圖書館: 十월 열람상황." 1933년 11월 17일, 3면.

每日申報. "仁川圖書館 成績." 1928년 10월 29일, 2면.

박한우. "월드 와이드 웹에 나타난 국제학술 커뮤니케이션 네트워크에 대한 탐사적 연구." **한국문헌정보학회지** 37, no. 2 (2003): 153-168

仁川市. **仁川市史**. 仁川: 仁川市, 1973.

朝鮮總督府. **朝鮮總督府統計年報, 1933年度**. 京城(서울): 朝鮮總督府, 1934.

Leydesdorff, L. "Indicators of Innovation in a Knowledge-Based Economy." *Cybermetrics* 5, no. 1 (2001). http://www.cindoc.csic.es/cybermetrics/articles/v5ilp2.html (2005년 10월 28일 검색).

참고문헌(내주)

東亞日報. 1923;1933. 仁川圖書館 閱覽數. 1923년 10월 11일, 4면; 仁川圖書館: 十월 열람상황. 1933년 11월 17일, 3면.

每日申報. 1928. 仁川圖書館 成績. 10월 29일, 2면.

박한우. 2003. 월드 와이드 웹에 나타난 국제학술 커뮤니케이션 네트워크에 대한 탐사적 연구. **한국문헌정보학회지** 37, no. 2:153-168

仁川市. 1973. **仁川市史**. 仁川: 仁川市.

朝鮮總督府. 1934. **朝鮮總督府統計年報, 1933年度**. 京城(서울): 朝鮮總督府.

Leydesdorff, L. 2001. Indicators of innovation in a knowledge-based economy. *Cybermetrics* 5, no. 1. http://www.cindoc.csic.es/cybermetrics/articles/v5ilp2.html (2005년 10월 28일 검색).

II. 단행본(도서)

<table>
<tr><th>표제지</th><th>판권지</th></tr>
<tr><td>천상의 노래
- 요한계시록 강해 -

로버트 콜만 지음
석 창 훈 옮김

도서출판 두란노
2000</td><td>Songs of Heaven
by Robert E. Coleman

천상의 노래: 요한계시록 강해
지은이: 로버트 콜만
옮긴이: 석 창 훈
인쇄년: 1999년 12월 30일
발행년: 2000년 2월 10일
발행처: 도서출판 두란노
서울시용산구서빙고동 95번지
ISBN 89-7008-970-5
가격: 6,500원</td></tr>
</table>

각주

1) Robert E. Coleman, **천상의 노래: 요한계시록 강해**, 석창훈 옮김 (서울: 두란노, 2000), 33.

참고문헌(각주)

Coleman, Robert E. **천상의 노래: 요한계시록 강해.** 석창훈 옮김. 서울: 두란노, 2000.

내주

(Coleman 2000, 33)

참고문헌(내주)

Coleman, Robert E. 2000. **천상의 노래: 요한계시록 강해.** 석창훈 옮김. 서울: 두란노.

*단행본자료의 서지사항은 위치에 따라 차이가 있을 수 있기 때문어 기록(주나 참고문헌)의 근거를 표제지로 하고, 표제지에 없는 사항은 판권지, 기타 정보원의 순으로 한다.
*번역도서는 원저자명을 원명의 문자로 기재하는 것이 번역에 의한 문자상의 혼란을 피할 수 있다. 문장이나 내주에 기록되는 영어인명은 성을 기재하고, 참고문헌은 '성, 이름'의 형식으로 기재한다.

예: 각 주: 영어인명의 이름 성, 서명: 부서명, 번역자 역할어 (발행지: …
각주참고: 영어인명의 성, 이름. 서명: 부서명. 번역자 역할어 …
내 주: 영어인명의 성(번역서발행년, 인용면수)는 …
(영어인명의 성 번역서발행년, 인용면수)
내주참고: 영어인명의 성, 이름. 발행년. …

*서명의 기재는 '서명: 부서명'형식으로 동양어는 진하게, 영어는 이탤릭체로 기재한다. 영어로 기재되는 내주의 참고문헌은 영어서명은 처음문자나 고유명사 이외는 모두 소문자로 기재한다.
*발행지는 발행처가 있는 도시명을 관용명으로 기재하고, 도시명에 식별이 필요한 경우는 동양지명은 ()에 상위지명을, 영어는 상위지명을 ','로 구분하여 기재한다. 발행년도는 자료에 나타난 최종 년도로 하고, 서기년도가 아닌 기년은 해당 기년을 명칭과 함께 ()로 묶어 기재한다.

예: 지명(상위지명): 발행사, 발행년. 지명, 상위지명: 발행사, 발행년.

THE IDEA OF A UNIVERSITY JOHN HENRY NEWMAN Frank M. Turner, Editor Yale University Press New Haven & London	Copyright ©1996 by Yale University ISBN 0-300-06404-7(cloth.) ISBN 0-300-06405-5(pbk.) Printed in the United States of America by Vail-Ballou Press, Binghamton, New York

각주

1) John Henry Newman, *The Idea of a University*, ed. Frank M. Turner (New Haven: Yale University Press, c1996), 47.

참고문헌(각주)

Newman, John Henry. *The Idea of a University*. Ed. Frank M. Turner. New Haven: Yale University Press, c1996.

내주

(Newman 1996, 47)

참고문헌(내주)

Newman, John Henry. 1996. *The idea of a university*. Ed. Frank M. Turner. New Haven: Yale University Press.

■ 각주 형식

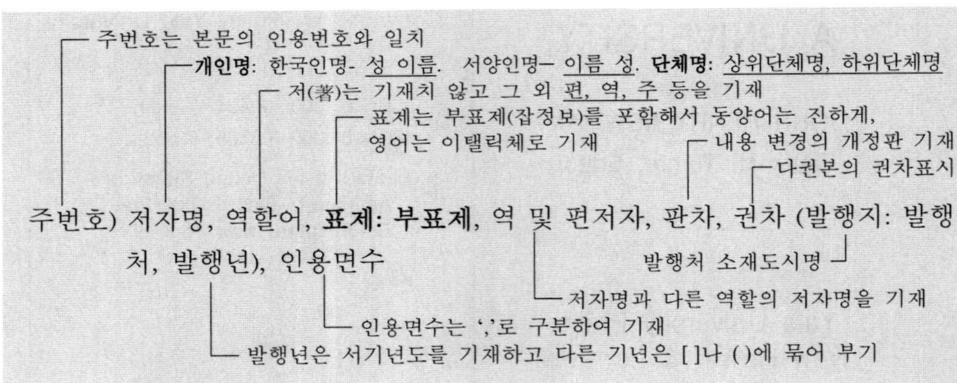

*판차는 자료에 표시된 대로 기재하되 식별이 가능한 범위에서 간략히 기재한다.
*발행지는 발행처(사)가 소재한 도시명을 기재하고, 도서명에 식별이 필요한 경우는 동양어로 된 상위지명은 ()에, 영어로 된 상위지명은 ‘,’로 부기한다.
*발행지 불명은 ‘발행지불명’, ‘발행지미상’이나 no place의 약자 ‘n.p.’ 또는 Sine loco의 약자 ‘S.l.’를 기재한다.
*발행처가 불명인 것은 그대로 생략하고 ‘발행지, 발행년’의 형식으로 기재한다.

인용면수 기재 예

), 67.	), ix-xii.	), 509-10.	), 128-29.
), 1:125.	), 104, 109.	), 67-68	), no. 42.
), 86, fig. 96.	), vol. 3	), chap. 17	), lines 1-4
), 87, table 5.3	), 72n, 80n	), 1:15n29 =), 1:15 n. 29	

), 176r, 231v, 232r-v　　　　), fol. 49, fols. 50-53

), 192n23, 192n30, 199n14, 201nn16-17 =), 192 n. 23, 201 nn. 16-17

), 2(1991): 237-39 → 다권본으로 각권의 발행년도가 다를 때

*면수표시는 자료에 나타난 면수를 그대로 기재하고, 권과 면수는 '권:면수'로, 그림, 도표, 호, 장 등은 명칭의 약자에 해당 연번을 기재한다. 다음은 면수와 관계된 약자이다.

*n. = note / fol. = folio / chap. = chapter / r. = recto / v. = verso / pt. = part / nn. = notes / fols. = folios / vol. = volume / bk. = book / fig = figure / no. = number

■ 참고문헌(각주) 형식

대상: 개인명- 동양인명 '성 이름', 서양인명 '성, 이름' / 단체명- 상. 하위단체명
방법: 3인까지 모두 기재. 4인 이상은 처음저자에 '등', 'et al.'을 기재
단체명은 '상위단체명. 하위단체명'
영어형식 인명: 처음저자명은 '성, 이름,' 두 번째 이하 공저자명은 '이름 성'으로 기재
역할어: 저(著)는 표시하지 않고 그 외 '편, 역, 주' 등을 기재
표제는 표제지의 표제를 동양어는 진하게, 영어는 이탤릭체로 기재
역자나 편저자는 역할어와 함께 기재

저자명, 역할어. **표제: 부표제.** 역자나 편저자. 판차. 권차. 발행지: 발행처, 발행년.

자료에 표시된 판차표시
도시명을 기재
부표제는 ':'으로 구분하여 기재
다권본의 권차표시
발행된 최종 서기년도
발행사의 구성을 위한 명칭 제외하고 간략하게 기재

■ 내주 형식

동양인명: 저자명. 서양인명: 저자의 성

(저자명 발행년, 인용면수)

해당 자료에 표시된 면수를 기재 (예 : vi, 7. 19-20.)
자료의 최종 발행년을 서기연도로 기재, 서기년도 외의 기년은 ()에 묶어 부기
저자명과 발행년 사이는 구분부호 없이 띄어쓰기로 기재

■ 참고문헌(내주) 형식

저자명, 역할어. 발행년. **표제: 부표제.** 역자나 편저자. 판차. 권차. 발행지: 발행처.

- 내주의 참고문헌은 발행년을 저자명 다음에 서기년도로 기재
- 영어표제는 처음자와 고유명사 이외는 모두 소문자로 기재
- 동양어표제는 진하게, 영어표제는 이탤릭체로 기재

*각주의 참고문헌과 동일하지만 발행년의 위치를 저자명 다음에 기재하고, 영어서명은 서명의 처음자와 고유명사 이외는 모두 소문자로 기재한다.

[예1] 1인 저서 (17.26)

각주

1) 정동영, **가사문학연구** (부산: 부산대학교 출판부, 2002), 54.
2) 柳袗, **修巖先生文集**, 木板本, 6卷3冊 (安東: 屛山書院, 肅宗39[1713]), 5-8.
3) 三輪伸春, **英語の語彙史: 借用語を中心に** (東京: 南雲堂, 1995), 98.
4) 김남석, **비도서자료: 정리의 이론과 실제**, 개정증보판 (대구: 계명대학교 출판부, 1994), 135.
5) Choon-Soon Kim, *Anthropological Studies of Korea by Westerners* (서울: 연세대학교 출판부, 2000), 60-71.
6) Robert M. Townsend, *The Medieval Village Economy* (Princeton: Princeton University Press, 1993), 43-44.
7) Leila Ahmed, *A Border Passage: From Cairo to America; A Woman's Journey* (New York: Farrar, Straus & Giroux, 1999), 31.

참고문헌(각주)

김남석. **비도서자료: 정리의 이론과 실제**. 개정증보판. 대구: 계명대학교 출판부, 1994.

三輪伸春. **英語の語彙史: 借用語を中心に**. 東京: 南雲堂, 1995.

柳袗. **修巖先生文集**. 木板本. 6卷3冊. 安東: 屛山書院, 肅宗39[1713].

정동영. **가사문학연구**. 부산: 부산대학교 출판부, 2002.

Ahmed, Leila. *A Border Passage: From Cairo to America; A Woman's Journey.* New York: Farrar, Straus & Giroux, 1999.

Kim, Choon-Soon. *Anthropological Studies of Korea by Westerners.* 서울: 연세대학교 출판부, 2000.

Townsend, Robert M. *The Medieval Village Economy.* Princeton: Princeton University Press, 1993.

내주

(정동영 2002, 54)	(Townsend 1985, 43-44)	(三輪伸春 1995, 98)
(Ahmed 1999, 31)	(柳袗 1713, 5-8)	(김남석 1994, 135)
(Kim 2000, 60-71)		

참고문헌(내주)

김남석. 1994. **비도서자료: 정리의 이론과 실제**. 개정증보판. 대구: 계명대학교 출판부.

三輪伸春. 1995. **英語の語彙史: 借用語を中心に**. 東京: 南雲堂.

柳袗. 1713(肅宗39). **修巖先生文集**. 木板本. 6卷3冊. 安東: 屛山書院.

정동영. 2002. **가사문학연구**. 부산: 부산대학교 출판부.

Ahmed, Leila. 1999. *A border passage: From Cairo to America; A woman's journey.* New York: Farrar, Straus & Giroux.

Kim, Choon-Soon. 2000. *Anthropological studies of Korea by westerners.* 서울: 연세대학교 출판부.

Townsend, Robert M. 1993. *The medieval village economy.* Princeton: Princeton Univ. Press.

[예2] 2-3인 공저서 (17.27,28)

각주

8) 이창헌, 김태운, **신국제질서와 남북한**, 개정판 (광주(전남): 조선대학교 출판부, 2000), 41-43.

9) 이소현, 박은혜, 김영태, **단일대상연구: 교육 및 임상현장 적용을 위한** (서울: 학지사, 2000), 174.

10) 郭鍾錫, 曺兢燮, **心理門辨**, 筆寫本, 1冊 ([刊記未詳]).

11) 李萬華, 李重基, 李天九, 合著, **塩城三世稿**, 木活字本, 3卷1冊 ([刊地未詳]: 湖隱齋, 1948), 38-40.

12) 土井忠生, 森田武, **國語史要說**, 新訂 (東京: 修文社, 昭和50(1975)), 42-78.

13) 井上和子, 原田かづ子, 阿部泰明, **生成言語學入門** (東京: 大修館書店, 1999), 113-78.

14) Roger L. Welsch and Linda K. Welsch, *Cather's Kitchens: Foodways in Literature and Life* (Lincoln: Univ. of Nebraska Press, 1987), 67.

15) P. D. Brett, W. W. Johavo, and C. R. Bacher, *Mastering String Quartets* (San Fransisco: Amazing Press, 1989), 78.

참고문헌(각주)

郭鍾錫, 曺兢燮. **心理門辨**. 筆寫本. 1冊. [刊記未詳].

李萬華, 李重基, 李天九, 合著. **塩城三世稿**. 木活字本. 3卷1冊. [刊地未詳]: 湖隱齋, 1948.

이소현, 박은혜, 김영태. **단일대상연구: 교육 및 임상현장 적용을 위한**. 서울: 학지사, 2000.

이창헌, 김태운. **신국제질서와 남북한**. 개정판. 광주(전남): 조선대학교 출판부, 2000.

井上和子, 原田かづ子, 阿部泰明. **生成言語學入門**. 東京: 大修館書店, 1999.

土井忠生, 森田武. **國語史要說**. 新訂. 東京: 修文社, 昭和50[1975].

Brett, P. D., W. W. Johavo, and C. R. Bacher. *Mastering String Quartets*. San Fransisco:

Amazing Press, 1989.

Welsch, Roger L., and Linda K. Welsch. *Cather's Kitchens: Foodways in Literature and Life.* Lincoln: Univ. of Nebraska Press, 1987.

내주

(이창헌, 김태운 2000, 41-43) (Brett, Johavo, and Bacher 1989, 87)

(郭鍾錫, 曺兢燮 [刊年未詳]) (井上和子, 原田かづ子, 阿部泰明 1999, 113-78)

(李萬華, 李重基, 李天九 1948, 38-40) (R. L. Welsch and L. K. Welsch 1987, 67)

(이소현, 박은혜, 김영태 2000, 174) (土井忠生, 森田武 1975, 42-78)

*동일성을 가진 서양 인명으로 2인 이상의 공저서는 인명의 식별을 위해 이름을 함께 기재한다.

참고문헌(내주)

郭鍾錫, 曺兢燮. [刊年未詳]. **心理門辨**. 筆寫本. 1冊. [刊記未詳].

李萬華, 李重基, 李天九, 合著. 1948. **塩城三世稿**. 木活字本. 3卷1冊. [刊地未詳]: 湖隱齋.

이소현, 박은혜, 김영태. 2000. **단일대상연구: 교육 및 임상현장 적용을 위한**. 서울: 학지사.

이창헌, 김태운. 2000. **신국제질서와 남북한**. 개정판. 광주(전남): 조선대학교 출판부.

井上和子, 原田かづ子, 阿部泰明. 1999. **生成言語學入門**. 東京: 大修館書店.

土井忠生, 森田武. 1975(昭和50). **國語史要說**. 新訂. 東京: 修文社.

Brett, P. D., W. W. Johavo, and C. R. Bacher. 1989. *Mastering string quartets*. San Fransisco: Amazing Press.

Welsch, Roger L., and Linda K. Welsch. 1987. *Cather's kitchens: Foodways in literature and life.* Lincoln: Univ. of Nebraska Press.

[예3] 4인 이상의 공저서 (17.29)

각주

16) 이장로 등, **한국기업의 국제경영: 현지화전략을 중심으로** (서울: 고려대학교 출판부, 2000), 87-88.

17) 金彦璣 等, 合著, **龍山世稿**, 木活字本, 6卷3冊 ([刊記未詳]), 23.

18) 김문현 등, **법과 사회정의**, 제3판 (서울: 이화여자대학교 출판부, 2000), 43-45.

19) 町田章一 他, **言語聽覺論輪郭** (東京: 上智大學聽覺言語障害硏究センター, 1994), 89.

20) 黑川洋一 他, 編, **中國文學歲時記, 冬** (京都: 同朋舍出版, 1989), 63-106.

21) Jeri A. Sechzer and others, eds., *Women and Mental Health* (Baltimore: Johns Hopkins University Press, 1996), 21-22.

참고문헌(각주)

김문현, 등. **법과 사회정의.** 제3판. 서울: 이화여자대학교 출판부, 2000.

金彦璣, 等, 合著. **龍山世稿.** 木活字本. 6卷3冊. [刊記未詳].

이장로, 등. **한국기업의 국제경영: 현지화전략을 중심으로.** 서울: 고려대학교 출판부, 2000.

= 이장로, 신민수, 장세진, 김익수, 조명현. **한국기업의 국제경영: 현지화전략을 중심으로.** 서울: 고려대학교 출판부, 2000.

町田章一, 他. **言語聽覺論輪郭.** 東京: 上智大學聽覺言語障害硏究センター, 1994.

黑川洋一, 他, 編. 1989. **中國文學歲時記, 冬.** 京都: 同朋舍出版.

= 黑川洋一, 入谷仙介, 山本和義, 横山弘, 深澤一幸, 編. **中國文學歲時記, 冬.** 京都: 同朋舍出版.

Sechzer, Jeri A., and others, eds. *Women and Mental Health.* Baltimore: Johns Hopkins University Press, 1996.

= Sechzer, Jeri A., S. M. Pfaffiln, F. L. Denmark, A. Griffin, and S. J. Blumenthal, eds. *Women and Mental Health.* Baltimore: Johns Hopkins University Press, 1996.

내주

(이장로 등 2000, 87-88)

(김문현 등 2000, 43-45)

(町田章一 他 1994, 89)

(Sechzer et al. 1996, 21-22)

(金彦璣 等 [刊年未詳], 23)

(黑川洋一 他 1989, 63-106)

참고문헌(내주)

김문현, 등. 2000. **법과 사회정의**. 제3판. 서울: 이화여자대학교 출판부.

= 김문현, 박은정, 신인령, 장영민, 홍정선. 2000. **법과 사회정의**. 제3판. 서울: 이화여자대학교 출판부.

金彦璣, 等, 合著. [刊年未詳]. **龍山世稿**. 木活字本. 6卷3冊. [刊記未詳].

= 金彦璣, 金得硏, 金得礲, 金光源, 合著. [刊年未詳]. **龍山世稿**. 木活字本. 6卷3冊. [刊記未詳].

이장로, 등. 2000. **한국기업의 국제경영: 현지화전략을 중심으로**. 서울: 고려대학교 출판부.

町田章一, 他. 1994. **言語聽覺論輪郭**. 東京: 上智大學聽覺言語障害研究センター.

黑川洋一, 他, 編. 1989. **中國文學歲時記, 冬**. 京都: 同朋舍出版.

= 黑川洋一, 入谷仙介, 山本和義, 横山弘, 深澤一幸, 編. 1989. **中國文學歲時記, 冬**. 京都: 同朋舍出版.

Sechzer, Jeri A., and others, eds. 1996. *Women and mental health.* Baltimore: Johns Hopkins University Press.

= Sechzer, Jeri A., S. M. Pfaffiln, F. L. Denmark, A. Griffin, and S. J. Blumenthal, eds. 1996. *Women and mental health.* Baltimore: Johns Hopkins University Press.

*4인 이상의 공저자를 처음 저자만 기재하고 2번째 이하의 저자명을 생략할 때는 한국어 자료는 '등/等'이나 '외/外,' 일본어 자료는 '他'나 '等,' 영어자료는 'et al.'이나 'and others'로 기재한다. '등', '他', 'et al.', 'and others' 등을 부기할 때 각주에서는 부호 없이 저자명 다음에 기재하고, 참고문헌에서는 ','로 구분하여 기재한다.
*발행사항이 불명인 자료는 발행사항에 '刊記未詳'을 [ ]에 묶어 기재한다.

[예4] 서명에 포함된 저자명 (17.31)

각주

22) **미당서정주선집** (서울: 민음사, 1983).
23) **金武權建築作品集, 1976-2001,** 현택수, 홍윤경 편집 (대구: 정문, 2001), 45.
24) **李石灘, 柳眉巖兩先生事蹟**, 筆寫本, 1冊 ([刊記未詳]).
25) **大韓民國藝術院所藏作品, 1995-2004** (서울: 大韓民國藝術院, 2004), 34.
26) **廣松涉哲學小品集**, 小林昌人 編, 同時代ライブラリ- 276 (東京: 岩波書店, 1996), 28.
27) *The Papers of Benjamin Franklin* (New Haven: Yale University Press, 1999), 43-44.
28) *Illumination and Night Glare: The Unfinished Autobiography of Carson McCullers*, ed. Carlos L. Dews (Madison: University of Wisconsin Press, 1999), 31.

참고문헌(각주)

廣松涉. **廣松涉哲學小品集.** 小林昌人 編. 同時代ライブラリ- 276. 東京: 岩波書店, 1996.

김무권. **金武權建築作品集, 1976-2001.** 현택수, 홍윤경 편. 대구: 정문, 2001.

대한민국예술원. **大韓民國藝術院所藏作品, 1995-2004.** 서울: 大韓民國藝術院, 2004.

서정주. **미당서정주선집**. 서울: 민음사, 1983.

李石灘, 柳眉巖. **李石灘·柳眉巖兩先生事蹟.** 筆寫本. 1冊. [刊記未詳]

Franklin, Benjamin. *The Papers of Benjamin Franklin.* New Haven: Yale University Press, 1999.

McCullers, Carson. *Illumination and Night Glare: The Unfinished Autobiography of Carson*

McCullers. Ed. Carlos L. Dews. Madison: University of Wisconsin Press, 1999.

*저자명이 서명에 포함된 자료는 각주에서는 서명을 중심으로 기재하고 참고문헌에서는 저자명을 중심으로 기재한다.

내주

(서정주 1983) (Franklin 1999, 43-44)

(McCullers 1999, 31) (대한민국예술원 2004, 34)

(김무권 2001, 45) (李石灘, 柳眉巖 [刊年未詳]) (廣松涉 1996, 28)

참고문헌(내주)

廣松涉. 1996. **廣松涉哲學小品集**. 小林昌人 編. 同時代ライブラリ - 276. 東京: 岩波書店.

김무권. 2001. **金武權建築作品集, 1976-2001**. 현택수, 홍윤경 편집. 대구: 정문.

대한민국예술원. 2004. **大韓民國藝術院所藏作品, 1995-2004**. 서울: 大韓民國藝術院.

서정주. 1983. **미당서정주선집**. 서울: 민음사.

李石灘, 柳眉巖. [刊年未詳]. **李石灘·柳眉巖兩先生事蹟**. 筆寫本. 1冊. [刊記未詳].

Franklin, Benjamin. 1999. *The papers of Benjamin Franklin*. New Haven: Yale University Press.

McCullers, Carson. 1999. *Illumination and night glare: The unfinished autobiography of Carson McCullers*. Ed. Carlos L. Dews. Madison: University of Wisconsin Press.

[예5] 익명자료 (17.35)

각주

29) 정용[익명], **牧民心書** (서울: 홍익인간사, 1961), 54.

30) 혜능[법명], **육조단경**, 법해[법명] 기록, 한길로 번역 (부산: 법보원, 1966), 61-74.
31) Centinel [pseud.], Letters, in *The Complete Anti-Federalist*, edited by Herbert J. Storing (Chicago: University of Chicago Press, 1981), 47.

참고문헌(각주)

정용[익명]. **牧民心書**. 서울: 홍익인간사, 1961.

혜능[법명]. **육조단경**. 법해[법명] 기록. 한길로 번역. 부산: 법보원, 1966.

Centinel [pseud.]. Letters. In *The Complete Anti-Federalist*, edited by Herbert J. Storing. Chicago: University of Chicago Press, 1981.

내주

(정용 1961, 54) (Centinel 1981, 47) (혜능 1966, 61-74)

참고문헌(내주)

정용[익명]. 1961. **牧民心書**. 서울: 홍익인간사.

혜능[법명]. 1966. **육조단경**. 법해[법명] 기록. 한길로 번역. 부산: 법보원.

Centinel [pseud.]. 1981. Letters. In *The complete anti-federalist*, edited by Herbert J. Storing. Chicago: University of Chicago Press.

*저자가 있는 역자나 편저자는 서명 다음에 기재한다. 이때 각주는 ','로 구분하여 기재하고, 참고문헌은 '.'로 구분하여 기재한다. 그러나 자료를 수록하고 있는 상위자료명에 대한 편자나 역자는 참고문헌에서도 ','로 구분하여 기재한다.

[잘 알려진 익명](17:36)

각주

32) 조지훈, **志操論: 趙芝薰評論, 隨筆集** (서울: 三中堂, 1962), 43.
33) Mark Twain, *The Prince and the Pouper: A Tale for Young People of All Ages* (New York: Harper & Brothers, 1899).

참고문헌(각주)

조지훈. **志操論: 趙芝薰評論, 隨筆集**. 서울: 三中堂, 1962.

Twain, Mark. *The Prince and the Pouper: A Tale for Young People of All Ages.* New York: Harper & Brothers, 1899.

내주

(Twain 1899) (조지훈 1962, 43)

참고문헌(내주)

조지훈. 1962. **志操論: 趙芝薰評論, 隨筆集**. 서울: 三中堂.

Twain, Mark. 1899. *The prince and the pouper: A tale for young people of all ages.* New York: Harper & Brothers.

*본명보다 더 잘 알려진 익명은 익명을 중심으로 기재하되 [익명]이라 부기하지 않는다.

[예6] 단체의 저서 (17.47)

각주

34) 啓明大學校, **古書綜合目錄** (大邱: 啓明大學校 童山圖書館, 2004), 5.
35) 慶尙監營, 編, **嶺營獄案**, 筆寫本, 1冊 ([刊記未詳]).
36) 한국은행, 대구지점, **경상북도산업변천사** (대구: 한국은행 대구지점, 1987), 245.
37) 國語語彙史研究會, 編, **國語語彙史研究** (東京: 和泉書院, 2004), 98.
38) International Monetary Fund (IMF), *Surveys of South African Economies,* vol. 7, *Algeria, Mali, Morocco, and Tunisia* (Washington, DC: International Monetary Fund, 1967), 37.

참고문헌(각주)

慶尙監營, 編. **嶺營獄案**. 筆寫本. 1冊. [刊記未詳].

啓明大學校. **古書綜合目錄**. 大邱: 啓明大學校 童山圖書館, 2004.

國語語彙史硏究會, 編. **國語語彙史硏究**. 東京: 和泉書院, 2004.

한국은행. 대구지점. **경상북도산업변천사**. 대구: 한국은행 대구지점, 1987.

International Monetary Fund (IMF). *Surveys of South African Economies*. Vol. 7, *Algeria, Mali, Morocco, and Tunisia*. Washington, DC: International Monetary Fund, 1967.

내주

(啓明大學校 2004, 5)

(慶尙監營 [刊年未詳])

(한국은행 1987, 245)

(國語語彙史硏究會 2004, 98)

(International Monetary Fund (IMF) 1967, 37)

= (IMF 1977, 37) → 두 번째 이하 인용

참고문헌(내주)

慶尙監營, 編. [刊年未詳]. **嶺營獄案**. 筆寫本. 1冊. [刊記未詳].

啓明大學校. 2004. **古書綜合目錄**. 大邱: 啓明大學校 童山圖書館.

國語語彙史硏究會, 編. 2004. **國語語彙史硏究**. 東京: 和泉書院.

한국은행. 대구지점. 1987. **경상북도산업변천사**. 대구: 한국은행 대구지점.

International Monetary Fund (IMF). 1977. *Surveys of African economies*. Vol. 7, *Algeria, Mali, Morocco, and Tunisia*. Washington, DC: International Monetary Fund.

*단체 저작 자료는 책임이 있는 단체명을 중심으로 기재한다. 이때 기재되는 단체명은 각주에서는 자료에 나타난 단체명을 그대로 기재하고, 참고문헌에서는 '상위단체명. 하위단체명'형식으로 기재한다. 또한 외국의 기관명으로 식별구분이 필요할 때는 식별될 수 있는 상위지명이나 국명을 부기한다.

[예7] 정부간행물 (17.290-294)

각주

39) 한국, 대통령, **중단하는 자는 승리하지 못한다: 박정희대통령 연설문집**, 신범식 편

(서울: 한림출판사, 1968), 박정희, 1960, 23-30.

40) 교육인적자원부, **좋은 학교도서관 만들기: 學校圖書館 活性化 綜合方案** (서울: 교육인적자원부, 2002), 20.

41) 外務省經濟局, 編, **世界經濟課題**, 1978年版 (東京: 大藏省印刷局, 昭和53[1978]), 5-9.

42) 文部省, 編, **我が國の敎育水準**, 昭和50年版 (東京: 大藏省印刷局, 昭和52[1977]), 23.

43) Securities and Exchange Commission, *Annual Report of the Securities and Exchange Commission for the Fiscal Year* (Washington, DC: GPO, 1985), 78-80.

참고문헌(각주)

교육인적자원부. **좋은 학교도서관 만들기: 學校圖書館 活性化 綜合方案**. 서울: 교육인적자원부, 2002.

日本. 文部省, 編. **我が國の敎育水準**. 昭和50年版. 東京: 大藏省印刷局, 昭和52[1977].

日本. 外務省經濟局, 編. **世界經濟課題**. 1978年版. 東京: 大藏省印刷局, 昭和53[1978].

한국. 대통령. **중단하는 자는 승리하지 못한다: 박정희대통령 연설문집**. 신범식 편. 서울: 한림출판사, 1968.

U.S. Securities and Exchange Commission. *Annual report of the Securities and Exchange Commission for the fiscal year*. Washington, DC: GPO, 1985.

내주

(교육인적자원부 2002, 20)

(한국. 대통령 1968, 23-30)

(日本. 文部省 1977, 23)

(U.S. Securities and Exchange Commission 1983, 78-80)

참고문헌(내주)

교육인적자원부. 2002. **좋은 학교도서관 만들기: 學校圖書館 活性化 綜合方案**.

서울: 교육인적자원부.

日本. 文部省, 編. 1977(昭和52). **我が國の敎育水準.** 昭和50年版. 東京: 大藏省印刷局.

한국. 대통령. 1968. **중단하는 자는 승리하지 못한다: 박정희대통령 연설문집.** 신범식 편. 서울: 한림출판사.

U.S. Securities and Exchange Commission. 1983. *Annual report of the securities and exchange commission for the fiscal year.* Washington, DC: GPO.

*정부기관이 저작한 자료는 정부기관명을 저자명으로 기재한다. 외국의 정부기관명은 국명(관용명)을 상위기관명으로 기재하고 해당 기관명은 하위기관명으로 기재한다.
*국가의 군주, 대통령, 국가원수의 공적인 자료는 국명과 관직명을 중심으로 기재한다.

[예8] 저자 불명 저서 (17.32-34)

각주

44) **홍길동전** (경성[서울]: 박문서관, 1942), 42.
45) **神農遺法**, 筆寫本, 1冊 ([刊記未詳]), 15.
46) [김남석], **도서목록의 이론,** 프린트판 (대구: 계명전문대 도서관과, [n.d.]).
47) *Publication Manual of the American Psychological Association*, 7th ed. (Washington, DC: American Psychological Association, 1997), 53-62.
48) [Samuel Horskey], *On the Prosodies of the Greek and Latin Languages*. 1796.

참고문헌(각주)

[김남석]. **도서목록의 이론.** 프린트판. 대구: 계명전문대학 도서관과, [n.d.].

神農遺法. 筆寫本. 1冊. [刊記未詳].

홍길동전. 경성[서울]: 박문서관, 1942.

[Horskey, Samuel]. *On the Prosodies of the Greek and Latin Languages*. 1796.

Publication Manual of the American Psychological Association. 7th ed. Washington, DC: American Physiological Association, 1997.

*저자미상인 자료는 서명을 중심으로 기재하고, 저자명을 본 자료 이외의 자료에서 찾아 기재

하였을 때는 [ ]로 묶어 기재한다.

내주

(**홍길동전** 1942, 42) (*Publication* 1997, 53-62)

(**神農遺法** [刊年未詳], 15) ([Horskey] 1796) ([김남석 n.d.])

참고문헌(내주)

[김남석]. [n.d.]. **도서목록의 이론.** 프린트판. 대구: 계명전문대학 도서관과.

神農遺法. [刊年未詳]. 筆寫本. 1冊. [刊記未詳]

홍길동전. 1942. 경성[서울]: 박문서관.

[Horskey, Samuel]. 1796. *On the prosodies of the Greek and Latin languages*.

Publication manual of the American Psychological Association. 1997. 7th ed. Washington, DC: American Psychological Association.

*출판지명이 구지명으로 식별이 필요한 경우는 신지명을 [ ]나 ()에 묶어 부기한다.

[예9] 편집, 편찬, 번역 자료 (17.41,42)

[저자로서 편자]

각주

49) 정필모, 편, **문헌정보학 명문선** (서울: 구미무역, 1999), 33.

50) 李以豊, 編, **醫鑑單方抄**, 筆寫本, 1冊 ([刊記未詳]).

51) 朝比奈一男, 水野忠文, 岸野雄三, 編, **スポーツの科學的原理** (東京: 大修館書店, 1977), 87.

52) David C. Lindberg, Ronald L. Numbers, 편, **신과 자연: 기독교와 과학, 그 만남의 역사**, 이정배, 박우석 역, 전2권 (서울: 이화여자대학교 출판부, 1998), 37-40.

53) Sidney Hook, 編, **言語と思想**, 三宅 鴻, 大江三郎, 池上嘉彦 譯 (東京: 研究社, 昭和 49[1974]), 201.

54) Bell I. Wiley, ed., *Slaves no more: Letters from Swiss, 1867-1868* (Lexington: University Press of Kentucky, 1989), 12-20.

55) Jeri A. Sechzer and others, eds., *Women and Mental Health* (Baltimore: Johns Hopkins University Press, 1996), 242.
56) Helott Thielicke, *Man in God's World,* trans. and ed. John W. Dorionson (New York: Citdel Press, 1983), 38.

참고문헌(각주) ....

李以豊, 編. **醫鑑單方抄**. 筆寫本. 1冊. [刊記未詳].

정필모, 편. **문헌정보학 명문선**. 서울: 구미무역, 1999.

朝比奈一男, 水野忠文, 岸野雄三, 編. **スポーツの科學的原理**. 東京: 大修館書店, 1977.

Hook, Sidney, 編. **言語と思想**. 三宅 鴻, 大江三郎, 池上嘉彦 譯. 東京: 研究社, 昭和49[1974].

Lindberg, David C., Ronald L. Numbers, 편. **신과 자연: 기독교와 과학, 그 만남의 역사.** 이정배, 박우석 역. 전2권(상하). 서울: 이화여자대학교 출판부, 1998.

Sechzer, Jeri A., S. M. Pfaffilin, F. L. Denmark, A. Griffin, and S. J. Blumenthal, eds. *Women and Mental Health*. Baltimore: Johns Hopkins University Press, 1996.

= Sechzer, Jeri A., et al., eds. *Women and Mental Health*. Baltimore: Johns Hopkins University Press, 1996.

Thielicke, Helott. *Man in God's World.* Trans. and ed. John W. Dorionson. New York: Citdel Press, 1983.

Wiley, Bell I., ed. *Slaves no more: Letters from Liberia, 1833-1869*. Lexington: University Press of Kentucky, 1989.

내주 ————————————————

(정필모 1999, 33)　　(李以豊 [刊年未詳])　　(Hook 1974, 201)

(Sechzer et al. 1996, 242)　　(Wiley 1989, 12-20)

(朝比奈一男, 水野忠文, 岸野雄三 1977, 87) (Allen and Gorden 1994, 20)

(Lindberg and Numbers 1998, 37-40)

참고문헌(내주)

李以豊, 編. [刊年未詳]. **醫鑑單方抄**. 筆寫本. 1冊. [刊記未詳].

정필모, 편. 1999. **문헌정보학 명문선**. 서울: 구미무역.

朝比奈一男, 水野忠文, 岸野雄三, 編. 1977. **スポーツの科學的原理**. 東京: 大修館書店.

Allen, Ted, Sydney Gordon. 1994. **닥터 노먼 베쑨**. 천희상 옮김. 서울: 실천문학사.

Hook, Sidney, 編. 1974(昭和49). **言語と思想**. 三宅 鴻, 大江三郎, 池上嘉彦 譯. 東京: 研究社.

Lindberg, David C., Ronald L. Numbers, 편. 1998. **신과 자연: 기독교와 과학, 그 만남의 역사**. 이정배, 박우석 역. 전2권(상하). 서울: 이화여자대학교.

Sechzer, Jeri A., S. M. Pfaffilin, F. L. Denmark, A. Griffin, and S. J. Blumenthal, eds. 1996. *Women and mental health*. Baltimore: Johns Hoplins University Press.

= Sechzer, Jeri A., et al., eds. 1996. *Women and mental health*. Baltimore: Johns Hopkins University Press.

*저자가 없는 편저서는 편저자를 중심으로 역할어와 짝지어 기재한다. 이때 편저서의 번역서는 번역자를 서명 다음에 기재한다.

[저자가 있는 편자, 역자, 주석자]

각주

57) 金萬重, **九雲夢**, 李家源 註釋 (서울: 延世大學校 出版部, 1970), 87.
58) David C. Lindberg, Ronald L. Numbers, 편, **신과 자연: 기독교와 과학, 그 만남의 역사**, 이정배, 박우석 역, 전2권 (서울: 이화여자대학교 출판부, 1998), 37-40.
59) 沈義, **大觀齋亂稿**, 權應仁 編, 木板本, 1冊(零本) ([刊地未詳], 宣祖10[1577]), 22.
60) 一然[법명], **三國遺事**, 李載浴 註釋, 전2권, 世界古典全集 (서울: 한국자유교양추진

회, 1969), 2:31-35.

61) 黃廷堅, **山谷黃先生大全詩註**, 任淵 等註, 木板本, 10冊(零本) ([刊記未祥]).

62) Bertil Melmberg, **音聲學**, 大橋保夫 譯, 改訂新版 (東京: 白水社, 1982), 66.

63) Ted Allen, Sydney Gordon, **닥터 노먼 베쑨**, 천희상 옮김 (서울: 실천문학사, 1994), 20.

64) Helott Thielicke, *Man in God's World,* trans. and ed. John W. Dorionson (New York: Citdel Press, 1983), 38.

참고문헌(각주)

金萬重. **九雲夢.** 李家源 註釋. 서울: 延世大學校 出版部, 1970.

沈義. **大觀齋亂稿.** 權應仁 編. 木板本. 1冊(零本). [刊地未詳], 宣祖10[1577].

一然[법명]. **三國遺事.** 李載浩 註釋. 전2권. 世界古典全集. 서울: 한국자유교양추진회, 1969.

黃廷堅. **山谷黃先生大全詩註.** 任淵 等註. 木板本. 10冊(零本). [刊記未祥].

Allen, Ted, Sydney Gordon. **닥터 노먼 베쑨.** 천희상 옮김. 서울: 실천문학사, 1994.

Lindberg, David C., Ronald L. Numbers, 편. **신과 자연: 기독교와 과학, 그 만남의 역사.** 이정배, 박우석 역. 전2권(상하). 서울: 이화여자대학교 출판부, 1998.

Melmberg, Bertil. **音聲學.** 大橋保夫 譯. 改訂新版. 東京: 白水社, 1982.

Thielicke, Helott. *Man in God's World.* Trans. and ed. John W. Dorionson. New York: Citdel Press, 1983.

내주

(一然 1969, 2:31-35) (沈義 1577, 22) (Melmberg 1982, 66)

(Allen and Gorden 1994, 20) (Lindberg and Numbers 1998, 37-40)

(Thielicke 1983, 38) (黃廷堅 [刊年未詳]) (金萬重 1970, 87)

참고문헌(내주)

金萬重. 1970. **九雲夢**. 李家源 註釋. 서울: 延世大學校 出版部.

沈義. 1577(宣祖10). **大觀齋亂稿.** 權應仁 編. 木板本. 1冊(零本). [刊地未詳].

一然[법명]. 1969. **三國遺事.** 李載浩 註釋. 전2권. 世界古典全集. 서울: 한국자유교양추진회.

黃廷堅. [刊年未詳]. **山谷黃先生大全詩註.** 任淵 等註. 木板本. 10冊(零本). [刊地未祥].

Allen, Ted, Sydney Gordon. 1994. **닥터 노먼 베쑨**. 천희상 옮김. 서울: 실천문학사.

Lindberg, David C., Ronald L. Numbers, 편. 1998. **신과 자연: 기독교와 과학, 그 만남의 역사.** 이정배, 박우석 역. 전2권(상하). 서울: 이화여자대학교.

Melmberg, Bertil. 1982. **音聲學.** 大橋保夫 譯. 改訂新版. 東京: 白水社.

Thielicke, Helott. 1983. *Man in God's world.* Trans. and ed. John W. Dorionson. New York: Citdel Press.

*저자가 있는 자료는 저자명을 중심으로 기재하고 편자, 역자, 주석자명은 서명 뒤에 역할어와 함께 각주에서는 ','로, 참고문헌에서는 '.'로 구분하여 기재한다.

[예10] 원서명에 번역서명 부기 (17.65)

각주

65) Priscilla Caplan, *Metadata Fundamentals for All Librarians* [메타데이터의 이해] (Chicago: American Library Association, 2003).

66) Henryk Wereszycki, *Koniec sojuszu trzech cesarzy* [The End of the Three Emperors League] (Warsaw: PWN, 1977); includes a summary in German.

참고문헌(각주)

Caplan, Priscilla. *Metadata Fundamentals for All Librarians* [메타데이터의 이해]. Chicago: American Library Association, 2003.

Wereszycki, Henryk. *Koniec sojuszu trzech cesarzy* [The End of the Three Emperors League]. Warsaw: PWN; includes a summary in German.

내주

(Wereszyck 1977) (Caplan 2003)

참고문헌(내주)

Caplan, Priscilla. 2003. *Metadata fundamentals for all librarians* [메타데이터의 이해].. Chicago: American Library Association.

Wereszycki, Henryk. 1977. *Koniec sojuszu trzech cesarzy* [The end of the three emperors league]. Warsaw: PWN; includes a summary in German.

[예11] 원서명과 번역서명의 병기 (17.66)

각주

67) James B. Riggs, **화공수치해법**, 강춘형 등 공역 (서울: 淸文閣, 1998), 원판 *An Introduction to Numerical Methods for Chemical Engineers*, 2nd ed. (Taxas: Taxas Tech University Press, 1994), 219.

68) Claude Lévi-Strauss, **はるかなる視線**, 三保 元 譯 (東京: みすず書店, 1986), 原版 *Le Regard Éloignè* (Paris: Plon, 1983), 32.

69) Francois Furet, *The Passing of an Illustion,* translated by Deborah Furet (Chicago: Universiry of Chicago Press, 1999), originally published as a *Le passè d'une illusion* (Paris: Éditions Robert Laffont, 1995), 278.

참고문헌(각주)

Furet, Francois. *The Passing of an Illusion.* Translated by Deborah Furet. Chicago: Universiry of Chicago Press, 1999. Originally published as a *Le passè d'une illusion* (Paris: Éditions Robert Laffont, 1995).

Lévi-Strauss, Claude. **はるかなる視線**. 三保 元 譯. 東京: みすず書店, 1986. 原版 *Le Regard Éloigné* (Paris: Plon, 1983).

Riggs, James B. **화공수치해법**. 강춘형 등 공역. 서울: 淸文閣, 1998. 원판 *An Introduction to Numerical Methods for Chemical Engineers*, 2nd ed. (Texas: Texas Tech. University Press, 1994).

내주

(Furet 1999, 278) (Riggs 1998, 219) (Lévi-Strauss 1986, 32)

참고문헌(내주)

Furet, Francois. 1999. *The passing of an illusion.* Translated by Deborah Furet. Chicago: Universiry of Chicago Press. Originally published as a *Le passé d'une illusion* (Paris: Éditions Robert Laffont, 1995).

Lévi-Strauss, Claude. 1986. **はるかなる視線**. 三保 元 譯. 東京: みすず書店. 原版 *Le Regard Éloigné* (Paris: Plon, 1983).

Riggs, James B. 1998. **화공수치해법**. 강춘형 등 공역. 서울: 淸文閣. 원판 *An introduction to numerical methods for chemical engineers,* 2nd ed. (Texas: Texas Tech University Press, 1994).

[예12] 본문과 다르게 기재한 언어의 서지

각주

70) Jae-Chul Lee, *DDC for Korean Libraries*, 17th edition (Seoul: Dept. of LIS of Yonsei Univ., 1966), 36 (in Korean).

참고문헌(각주)

Lee, Jae-Chul. *DDC for Korean Libraries*. 17th edition. Seoul: Dept. of LIS of Yonsei Univ., 1966. (in Korean).

내주

(Lee 1966, 36)

참고문헌(내주)

Lee, Jae-Chul. 1966. *DDC for Korean libraries*. 17th edition. Seoul: Dept. of Yonsei Univ. (in Korean).

*본문과 다르게 기재한 언어의 서지는 서지기록의 맨 뒤에 ()로 본문의 언어표시를 한다.

[예13] 서명 중에 포함된 서명 (17.58)

각주

71) 최환, 이검국, **『신라수이전』 집교와 역주** (대구: 영남대학교 출판부, 1999), 107.

72) 韓國圖書館協會, **『韓國目錄規則 3.1版』 日本語譯**(未定稿), 山田 尙勇 他 譯, 學術情報センター 編集 (東京: 同 センター, 1990), iii.

73) Allen Forte, *The Harmonistic Organization of "The Rite of Spring"* (New Haven, CT: Yale University Press, 1978), 143.

참고문헌(각주)

최환, 이검국. **『신라수이전』 집교와 역주**. 대구: 영남대학교 출판부, 1999.

韓國圖書館協會. **『韓國目錄規則 3.1版』 日本語譯**(未定稿). 山田 尙勇 等 譯. 學術情報センター 編集. 東京: 同 センター, 1990.

Forte, Allen. *The Harmonistic Organization of "The Rite of Spring"*. New Haven, CT: Yale University Press, 1978.

*서명 중에 포함된 서명은 『』나 " "으로 묶어 기재한다.

내주

(Forte 1978, 143) (최한, 이검국 1999, 107) (韓國圖書館協會 1990, iii)

참고문헌(내주)

최환, 이검국. 1999. **『신라수이전』 집교와 역주**. 대구: 영남대학교 출판부.

韓國圖書館協會. 1990. **『韓國目錄規則 3.1版』 日本語譯**(未定稿). 山田 尙勇 等 譯. 學術情報センター 編集. 東京: 同 センター.

Forte, Allen. 1978. *The harmonistic organization of "The rite of spring"*. New Haven, CT: Yale University Press.

[예14] 별표제가 있는 서명 (17.55)

각주

74) 안중선, **울타리 없는 남자**; 일명, **惡魔의 노래** (서울: 오곡문화원, 1981), 87.

75) Clarice Lispector, *An Apprenticeship;* or, *The Book of Delights* (Austin: University of Texas Press, 1996), 101.

참고문헌(각주)

안중선. **울타리 없는 남자**; 일명, **惡魔의 노래**. 서울: 오곡문화원, 1981.

Lispector, Clarice. *An Apprenticeship;* or, *The Book of Delights*. Austin: University of Texas Press, 1996.

내주

(안중선 1981, 87) (Lispector 1996, 101)

참고문헌(내주)

안중선. 1981. **울타리 없는 남자; 일명, 惡魔의 노래**. 서울: 오곡문화원.

Lispector, Clarice. 1996. *An apprenticeship;* or, *The book of delights.* Austin: University of Texas Press.

*별표제는 본표제와 같이 '; 일명' 또는 '; or'로 구분하여 서명과 함께 기재한다.

[예15] '!', '?'로 끝나는 서명 (17.61)

각주

76) 김남석 등, 편, **주·참고문헌 어떻게 작성할 것인가?** (대구: 태일사, 2002), 7-24.
77) Henry Aaron, *Why Is Welfare So Hard to Reform?* (Washington, DC: Brookings Institution Press, 1973), 113.

참고문헌(각주)

김남석, 등, 편. **주·참고문헌 어떻게 작성할 것인가?** 대구: 태일사, 2002.

Aaron, Henry. *Why Is Welfare So Hard to Reform?* Washington, DC: Brookings Institution Press, 1973.

내주

(Aaron 1973, 113)　　　　(김남석 등 2002, 7-24)

참고문헌(내주)

김남석, 등, 편. 2002. **주·참고문헌 어떻게 작성할 것인가?** 대구: 태일사.

Aaron, Henry. 1973. *Why Is welfare so hard to reform?* Washington, DC: Brookings Institution Press.

*표제가 '!'나 '?' 부호로 끝나는 경우는 이들 부호 다음에 구두점을 사용하지 않는다.

[예16] 범위를 나타낸 연도를 가진 서명 (17.57)

각주

78) 경기도, **경기통계연보, 1991-1995** (수원: 경기도청, 1996), iv-vii.

79) Jean Cocteau, **占領下日記, 1942-1945**, 秋山和夫 譯, 全5卷 (東京: 筑摩書店, 1993), 3:146-61.

80) *Letters of Henry Adams, 1858-1891*, ed. Worthington Chauncey Ford (Boston: Houghton Mifflin, 1930), 97-98.

참고문헌(각주)

경기도. **경기통계연보, 1991-1995.** 수원: 경기도청, 1996.

Adams, Henry. *Letters of Henry Adams, 1858-1891.* Ed. Worthington Chauncey Ford. Boston: Houghton Mifflin, 1930.

Cocteau, Jean. **占領下日記, 1942-1945.** 秋山和夫 譯. 全5卷. 東京: 筑摩書店, 1993.

내주

(경기도 1996, iv-vii) (Adams 1930, 97-98) (Costeau 1993, 146-61)

참고문헌(내주)

경기도. 1996. **경기통계연보, 1991-1995.** 수원: 경기도청.

Adams, Henry. 1930. *Letters of Henry Adams, 1858-1891.* Ed. Worthington Chauncey Ford. Boston: Houghton Mifflin.

Cocteau, Jean. 1993. **占領下日記, 1942-1945.** 秋山和夫 譯. 全5卷. 東京: 筑摩書店.

[예17] 2개 이상의 부제를 가진 서명 (17.54)

각주

81) 趙南轍, 編著, **世界名著解題: 政治; 經濟; 法學** (서울: 隆宇社, 1958), 96.

82) 小林 泉, **アメリカ極秘文書と信託統治の終焉: ソロモン報告; ミクロネシアの獨立** (東京: 東信堂, 1994), 87.

83) Citta Sereny, *Cries Unheard: Why Children Kill; The Story of Mary Bell* (New York: Metropolitan Books / Henry Holt, 1999), 47-49.

참고문헌(각주)

小林 泉. **アメリカ極秘文書と信託統治の終焉: ソロモン報告; ミクロネシアの獨立**. 東京: 東信堂, 1994.

趙南轍, 編著. **世界名著解題: 政治; 經濟; 法學**. 서울: 隆宇社, 1958.

Sereny, Citta. *Cries Unheard: Why Children Kill; The Story of Mary Bell.* New York: Metropolitan Books / Henry Holt, 1999.

내주

(趙南轍 1958, 96) (Sereny 1999, 47-49) (小林 泉 1994, 87)

참고문헌(내주)

小林 泉. 1994. **アメリカ極秘文書と信託統治の終焉: ソロモン報告; ミクロネシアの獨立**. 東京: 東信堂.

趙南轍, 編著. 1958. **世界名著解題: 政治; 經濟; 法學**. 서울: 隆宇社.

Sereny, Citta. 1999. *Cries unheard: Why children kill; The story of Mary Bell.* New York: Metropolitan Books / Henry Holt.

*부제가 두 개 이상인 경우는 처음 부제는 쌍점':' 두 번째 이하의 부제는 쌍반점';'으로 구분하여 기재한다.

[예18] '등', '외', 'and other stories'가 첨부된 서명 (17.56)

각주

84) 이문구, **우리동네 김씨, 외,** 오늘의 作家代表文學選集 9 (서울: 韓國文學社, 1981), 121.

85) Mark Twain, *The American Claimant, and other stories and sketches* (New York: Collier & Son, 1905), 65.

참고문헌(각주)

이문구. **우리동네 김씨, 외**. 오늘의 作家代表文學選集 9. 서울: 韓國文學社, 1981.

Twain, Mark. *The American Claimant, and Other Stories and Sketches.* New York: Collier & Son, 1905.

내주

(Twain 1905, 65) (이문구 1981, 121)

참고문헌(내주)

이문구. 1981. **우리동네 김씨, 외**. 오늘의 作家代表文學選集 9. 서울: 韓國文學社.

Twain, Mark. 1905. *The American claimant, and other stories and sketches.* New York: Collier & Son.

*2개 이상의 저작을 수록하고 있는 자료가 처음 작품명에 '외', '등', 'and others'로 표시된 것은 본표제에 ','로 구분하여 함께 기재한다.

[예19] 장 제목 또는 부분 제목 (17.68,69,70)

각주

86) 방유성, "삶의 진실과 인간 구원의 의미: 김은국의 '순교자'를 중심으로," **한민족문화권의 문학: 미국, 일본, 중국, 러시아의 해외 동포문학**, 김종희 편, 68-83 (서울: 국학자료원, 2003), 68-70.

87) 김현 등, "엔트로피(Entropy)," **화학공학 열역학: MATLAB을 이용한**, 제3장(89-144) (서울: 아진, 2002), 90.

88) Irwin Shaw, "젊은 사자들," **영미단편선집**, 신경자 편, 61-77 (서울: 범우사, 1977), 61-65.

89) Somerset Maugham, "The Voice of the Tutle," commentary Peter Kuch, *Modern Short Stories*, 李在浩 註釋, 2:7-32 (서울: 探求堂, 1993), 2:7-12.

90) 朴成仁, "江湖集," **知足堂詩集**, 木活字本, 1冊 ([刊地未詳], 哲宗13[1862]), 7-10.

91) 大村政康, "VT法(ヴェルボトナル法)," **日本語教授法ワークショップ**, 鎌田修 等編, 151-175 (東京: 凡人社, 1996), 151-60.

92) 尾花仙朔, "詩と原郷: 東北出身の詩人とゆかりの詩人たち, その戰後活動の展望," **白い國の詩: 詩書集**, 木下耕甫 編, 299-329 (仙台(市): 東北電力株式會社, 平成8[1996]), 300-01.

93) Virgil Thompsut, "Cage and the Collage of Noises," chap. 8 in *American Music since 1910* (New York: Holt, Rinehart, and Winston, 1991), 113-23.

94) Sjoerd M. Verduyn Lunel, "Basic Theory for Linear Delay Equations," part I in *Advances in Time-Delay Systems*, ed. Silviu-Lulian Niculescu and Kegin Gu (Berlin: Springer-Verlag, 2004), 24.

95) J. A. Wiens, "Avian Community Ecology: An Iconoclastic View," in *Perspectives in Ornithology*, ed. A. H. Brush and G. A. Clark Jr. (Cambridge: Cambridge Univ. Press, 1983), 338.

96) 김만중, "사씨남정기," **金萬重作品選集**, 허문석 외 옮김 (서울: 學文社, 1994), 17.

참고문헌(각주)

김만중. "사씨남정기." **金萬重作品選集**, 허문석 외 옮김, 17-127. 서울: 學文社, 1994.

김현, 등. "엔트로피(Entropy)." **화학공학 열역학: MATLAB을 이용한**, 제3장. 서울: 아진, 2002.

大村政康. "VT法(ヴェルボトナル法)." **日本語教授法ワークショップ**, 鎌田修 等編, 151-75. 東京: 凡人社, 1996.

尾花仙朔. "詩と原郷: 東北出身の詩人とゆかりの詩人たち, その戰後活動の展望." **白い國の詩: 詩書集**, 木下耕甫 編, 299-329. 仙台(市): 東北電力株式會社, 平成8[1996].

朴成仁. "江湖集." **知足堂詩集**, 7-10. 木活字本. 1冊. [刊地未詳], 哲宗13[1862].

방유성. "삶의 진실과 인간 구원의 의미: 김은국의 '순교자'를 중심으로." **한민족문화권의 문학: 미국, 일본, 중국, 러시아의 해외 동포문학**, 김종회 편, 68-83. 서울: 국학자료원, 2003.

Lunel, Sjoerd M. Verduyn. "Basic Theory for Linear Delay Equations." Part I in *Advances in Time-Delay Systems*, ed. Silviu-Lulian Niculescu and Kegin Gu. Berlin: Springer-Verlag, 2004.

Maugham, Somerset. "The Voice of the Tutle." Commentary Peter Kuch. *Modern Short Stories*, 李在浩 註釋, 2:7-32. 서울: 探求堂, 1993.

Shaw, Irwin. "젊은 사자들." **영미단편선집,** 신경자 편, 61-77. 서울: 범우사, 1977.

Thompsut, Virgrl. "Cage and the Collage of Noises." Chap. 8 in *American Music since 1910*. New York: Holt, Rinehart, and Winston, 1991.

Wiens, J. A. "Avian Community Ecology: An Iconoclastic View." In *Perspectives in Ornithology*, ed. A. H. Brush and G. A. Clark Jr., 355-403. Cambridge: Cambridge Univ. Press, 1983.

내주

(김만중 1994, 17) (Shaw 1977, 61-77) (김현 등 2002, 92)

(Thompsut 1997, 108) (Wiens 1983, 338) (방유성 2003, 68-70)

(朴成仁 1862, 7-10) (大村政康 1996, 151-60)

(尾花仙朔 1996, 300-01) (Maugham 1993, 7-32) (Lunel 2004, 24)

참고문헌(내주)

김만중. 1994. 사씨남정기. **金萬重作品選集**, 허문석 외 옮김, 17-127. 서울: 學文社.

김현, 등. 2002. 엔트로피(Entropy). **화학공학 열역학: MATLAB을 이용한**, 제3장

(89-144). 서울: 아진.

大村政康. 1996. VT法(ヴェルボトナル法). **日本語教授法ワークショップ**, 鎌田修 等編, 151-75. 東京: 凡人社.

尾花仙朔. 1996(平成8). 詩と原郷: 東北出身の詩人とゆかりの詩人たち, その戰後活動の展望. **白い國の詩: 詩書集**, 木下耕甫 編, 299-329. 仙台(市): 東北電力株式會社.

朴成仁. 1862(哲宗13). 江湖集. **知足堂詩集**, 7-10. 木活字本. 1冊. [刊地未詳].

방유성. 2003. 삶의 진실과 인간 구원의 의미: 김은국의 '순교자'를 중심으로. **한민족문화권의 문학: 미국, 일본, 중국, 러시아의 해외 동포문학**, 김종희 편, 68-83. 서울: 국학자료원.

Lunel, Sjoerd M. Verduyn. 2004. Basic theory for linear delay equations. Part I in *Advances in time-delay systems*, ed. Silviu-Lulian Niculescu and Kegin Gu. Berlin: Springer-Verlag.

Maugham, Somerset. 1993. The voice of the Tutle. Commentary Peter Kuch. *Modern short stories*, 李在浩 註釋, 2:7-32. 서울: 探求堂.

Shaw, Irwin. 1977. 젊은 사자들. **영미단편선집**, 신경자 편, 61-77. 서울: 범우사.

Thompsut, Virgrl. 1997. Cage and the collage of noises. Chap. 8 in *American music since 1910.* New York: Holt, Rinehart, and Winston.

Wiens, J. A. 1983. Avian community ecology: An iconoclastic view. In *Perspectives in ornithology*, ed. A. H. Brush and G. A. Clark Jr., 355-403. Cambridge: Cambridge Univ. Press.

[예20] 다권본 (17.83-89)

각주

97) 이상옥, **한국의 역사**, 전5권 (서울: 교문사, 1952), 2:10-18.

98) 開國百年記念文化事業會, 編, **明治文化史**, 全14卷 (東京: 原書店, 昭和54[1979]-昭和56[1981]), 6:345.

99) **日本民衆歷史**, 全11卷 (東京: 三省堂, 1974), 3:28-40.

100) Paul Tillich, *Systematic Theology,* 4 vols. (Chicago: University of Chicago Press, 1950-62), 1:9-10.

*다권본을 모두 인용할 때는 다권본의 저자를 중심으로 다권본명과 전체권수를 기재하고, 면수표시에서는 권과 면수를 함께 '권:인용면수'의 형식으로 기재한다. 전체권의 표시는 한국어는 '전×권' 영어는 '× vols.'로 기재한다.

참고문헌(각주)

開國百年記念文化事業會, 編. **明治文化史**. 全14卷. 東京: 原書店, 昭和54[1979]-昭和56[1981].

이상옥. **한국의 역사**. 전5권. 서울: 교문사, 1952.

日本民衆歷史. 全11卷. 東京: 三省堂, 1974.

Tillich, Paul. *Systematic Theology.* 4 vols. Chicago: University of Chicago Press, 1950-62.

내주

(이상옥 1952, 2:10-18)

(Tillich 1950-62, 1:9-10)

(**日本民衆歷史** 1974, 3:28-49)

(**開國百年記念文化事業會** 1979-81, 6:345)

참고문헌(내주)

開國百年記念文化事業會, 編. 1979-81. **明治文化史**. 全14卷. 東京: 原書店.

이상옥. 1952. **한국의 역사**. 전5권. 서울: 교문사.

日本民衆歷史. 1974. 全11卷. 東京: 三省堂.

Tillich, Paul. 1950-62. *Systematic theology.* 4 vols. Chicago: University of Chicago Press.

1) **다권본 중 한 권만 인용** (17.85,86)

각주

101) 이상옥, **한국의 역사**, 제3권, **안정되는 왕정** (서울: 교문사, 1952), 34.

102) Maria Montessori, **몬테소리 육아**, 제1권, **아이의 발견**, 이정순 옮김 (서울: 青木, 1996), 27.

103) 開國百年記念文化事業會, 編, **明治文化史**, 第6卷, **宗教**, 岸本英夫 編 (東京: 原書店, 昭和54[1979]), 345.

104) **日本民衆歷史**, 第3卷, **天下統一民衆**, 佐佐木潤之介 編 (東京: 三省堂, 1974), 28-40.

105) Jahnson Farmwinkle, *Survey of American Humor,* vol. 2, *Humor of the American Mideast* (New York: Plenum Press, 1986), 57-58.

106) Donald Lach, *Asia in the Making of Europe*, vol. 2, bk. 3, *The Scholarly Disciplines* (Chicago: University of Chicago Press, 1977), 351.

107) Sewell Wright, *Evolution and the Genetics of Populations*, vol. 2, *Theory of Gene Frequencies* (Chicago: University of Chicago Press, 1969), 129.

*다권본의 한 권만을 위한 각주는 '다권본 저자, 다권본서명, 다권본 편자, 권차, 권서명, 권 저자나 편자, 역자'의 형식으로 기재한다. 이때 다권본서명과 권서명은 한국어는 진하게 영어는 이탤릭체로 기재한다.

참고문헌(각주)

開國百年記念文化事業會, 編. **明治文化史**. 第6卷, **宗教**, 岸本英夫 編. 東京: 原書店, 昭和54[1979].

이상옥. **한국의 역사**. 제3권, **안정되는 왕정**. 서울: 교문사, 1952.

日本民衆歷史. 第3卷, **天下統一民衆**, 佐佐木潤之介 編. 東京: 三省堂, 1974.

Farmwinkle, Jahnson. *Survey of American Humor.* Vol. 2, *Humor of the American Mideast*. New York: Plenum Press, 1986.

Lach, Donald. *Asia in the Making of Europe.* Vol. 2, bk. 3, *The Scholarly Disciplines.* Chicago: University of Chicago Press, 1977.

Wright, Sewell. *Theory of Gene Frequencies.* Vol. 2 of *Evolution and the Genetics of Populations.* Chicago: University of Chicago Press, 1969.

= Wright, Sewell. *Evolution and the Genetics of Populations*. Vol. 2, *Theory of Gene Frequencies*. Chicago: University of Chicago Press, 1969.

*권차와 권서명, 권서명의 저자는 참고문헌에서도 각주와 같이 기재형식을 모두 연계시켜 ','로 한다.

내주

(이상옥 1952, 34) (Lach 1977, 351) (Montessori 1996, 27)

(開國百年記念文化事業會 1979, 345) (Farmwinkle 1986, 57-58)

(Wright 1969, 129) (**日本民衆歷史** 1974, 28-40) (Tillich 1978, 74)

참고문헌(내주)

開國百年記念文化事業會, 編. 1979(昭和54). **明治文化史**. 第6卷, **宗敎**, 岸本英夫 編. 東京: 原書店.

이상옥. 1952. **한국의 역사**. 제3권, **안정되는 왕정**. 서울: 교문사.

= 이상옥. 1952. **안정되는 왕정**. **한국의 역사**, 제3권. 서울: 교문사.

日本民衆歷史. 1974. 第3卷, **天下統一民衆**, 佐佐木潤之介 編. 東京: 三省堂.

Farmwinkle, Jahnson. 1986. *Survey of American humor*. Vol. 2, *Humor of the American mideast*. New York: Plenum Press.

= Farmwinkle, Jahnson. 1986. *Humor of the American mideast*. Vol. 2 of *Survey of American humor*. New York: Plenum Press.

Lach, Donald. 1977. *Asia in the making of Europe*. Vol. 2, bk. 3, *The scholarly disciplines*. Chicago: University of Chicago Press.

Montessori, Maria. 1996. **몬테소리 육아**. 제1권, **아이의 발견**, 이정순 옮김. 서울: 靑木.

Tillich, Paul. 1978. *Systematic theology*. Vol. 1. Chicago: University of Chicago Press.

Wright, Sewell. 1969. *Theory of gene frequencies*. Vol. 2 of *Evolution and the genetics of populations.* Chicago: University of Chicago Press.

= Wright, Sewell. 1969. *Evolution and the genetics of populations.* Vol. 2, *Theory of gene frequencies.* Chicago: University of Chicago Press.

*다권본을 한 권만을 인용한 경우 각주는 '다권본의 저자명, 다권본명, 다권본의 편자, 권차, 권 서명, 권 저자나 편자, 역자'의 형식으로 기재한다.

2) 다권본 중 한 자료의 부분인용 (17.87)

각주

108) 진원숙, "여왕의 나라, 대영제국의 영화와 좌절," **손에 잡히는 서양사 이야기,** 2:93-170, 전2권 (서울: 신서원, 1999), 2:93.

= 108) 진원숙, "여왕의 나라, 대영제국의 영화와 좌절," **손에 잡히는 서양사 이야기,** 제2권:93-170 (서울: 신원서, 1999), 93.

109) 小口 偉一, 大林太良, "歴史民族學," **日本歴史講座**, 佐藤弘一 編, 第1卷, **歴史理論篇**, 92-100, 全8卷 (東京: 河出考雄, 昭和29[1954]), 92-96.

110) "Buddhist Mythology," in *Mythologies*, ed. Yves Bonnefoy (Chicago: University Press, 1991), 2:893-95.

111) B. Cronin, "The Marketing of Library and Information Services," in *Marketing Concepts for Libraries and Information Service*, ed. by Eileer Elliott de Saez, 2nd ed. (London: Facet Pub., 2002), 4.

*다권본의 장명이나 부분제목의 인용은 '저자, "장명이나 부분제목," 다권본명 (발행사항), 권: 인용면수'의 형식과 '저자, "장명이나 부분제목," 다권본명, 다권본 편자, 권차, 권서명, 장이나 부분제목이 수록된 면수, 전체권수 (발행사항), 인용면수'의 형식 중 하나로 기재한다.

참고문헌(각주)

小口偉一, 大林太良. "歴史民族學." **日本歴史講座**, 佐藤弘一 編, 第1卷, **歴史理論篇**, 92-100. 全8卷. 東京: 河出考雄, 昭和29[1954].

진원숙. "여왕의 나라, 대영제국의 영화와 좌절." **손에 잡히는 서양사 이야기,** 2:93-170. 전2권. 서울: 신서원, 1999.

"Buddhist Mythology." In *Mythologies*, ed. Yves Bonnefoy, 2:893-95. Chicago: University Press, 1991.

Cronin, B. "The Marketing of Library and Information Services." In *Marketing Concepts* for Libraries and Information Service*, ed. by Eileer Elliott de Saez. 2nd ed. London: Facet Pub., 2002.

내주

("Buddhist Mythology" 1991, 2:893-95)

(小口偉一, 大林太良 1954, 92-96)

(Teggart 1994, 23)

(진원숙 1999, 2:93)

(Cronin 2002, 4)

참고문헌(내주)

小口偉一, 大林太良. 1954(昭和29). 歷史民族學. **日本歷史講座**, 佐藤弘一 編, 第1卷, **歷史理論篇**, 92-100. 全8卷. 東京: 河出考雄.

진원숙. 1999. 여왕의 나라, 대영제국의 영화와 좌절. **손에 잡히는 서양사 이야기**, 2:93-170. 전2권. 서울: 신서원.

Buddhist Mythology. 1991. In *Mythologies*, ed. Yves Bonnefoy, 2:893-95. Chicago: University Press.

Teggart, Frederick J. 1994. A problem in the history of ideas. In *Library of the history of ideas*, ed. John W. Yolton, vol. 1, *The history of ideas: Canon and variations*, ed. by Donald R. Kelley, 22-31. New York: University of Rochester Press.

Cronin, B. 2002. The Marketing of Library and Information Services. In *Marketing Concepts for Libraries and Information Service*, ed. by Eileer Elliott de Saez. 2nd ed. London: Facet Pub.

3) 참조인용 (17.70)

각주

112) 정만득, "미국사에 있어서의 프론티어," 이보영 등, **미국사연구서설**, 113-21.
113) 안윤모, "미국인민주의 운동의 성격," 이보영 등, **미국사연구서설**, 231-37.

114) 吳哲夫, "中國의 版畵書," 沈隅俊, **中國古書版本鑑定研究**, 359-62.

115) 李淸志, "明代中葉以後刻版의 特徵," 沈隅俊, **中國古書版本鑑定研究**, 219-27.

116) Joan E. Draper, "Paris by the Lake: Sources of Burnham's Plan of Chicago," in Zukowsky, *Chicago Architecture,* 107-10.

117) Elaine Harrington, "International Influences on Henry Hobson Richardson's Glessner House," in Zukowsky, *Chicago Architecture,* 189-201.

118) Vladimir Mayakovsky, "Brooklyn Bridge," trans. Max Hayward and George Reavey, in Sexton and Powers, *The Brooklyn Reader,* 136-38.

119) Carson McCullers, "Brooklyn Is My Neighborhood," in Sexton and Powers, *The Brooklyn Reader,* 144-49.

120) Walt Whitman, "Crossing Brooklyn Ferry," in Sexton and Powers, *The Brooklyn Reader,* 270-74.

참고문헌(각주)

沈隅俊, 編譯. **中國古書版本鑑定研究**. 서울: 中央大學校 出版部, 1991.

안윤모. "미국인민주의 운동의 성격." 이보영 등, **미국사연구서설**, 231-54.

吳哲夫. "中國의 版畵書." 沈隅俊, **中國古書版本鑑定研究**, 358-80.

이보영, 등. **미국사연구서설**. 서울: 일조각, 1984.

李淸志. "明代中葉以後刻版의 特徵." 沈隅俊, **中國古書版本鑑定研究**, 219-47.

정만득. "미국사에 있어서의 프론티어." 이보영 등, **미국사연구서설**, 113-34.

Draper, Joan E. "Paris by the Lake: Sources of Burnham's Plan of Chicago." In Zukowsky, *Chicago Architecture,* 107-19.

Harrington, Elaine. "International Influences on Henry Hobson Richardson's Glessner House." In Zukowsky, *Chicago Architecture,* 189-207.

Mayakovsky, Vladimir. "Brooklyn Bridge." Trans. Max Hayward and George Reavey. In Sexton and Powers, *The Brooklyn Reader,* 136-41.

McCullers, Carson. "Brooklyn Is My Neighborhood." In Sexton and Powers, *The Brooklyn Reader,* 143-47.

Whitman, Walt. "Crossing Brooklyn Ferry." In Sexton and Powers, *The Brooklyn Reader.* 267-74.

Sexton, Andrea Wyatt, and Alice Lewccese Powers, eds. *The Brooklyn Reader: Thirty Writers Celebrate America's Favorite Borough*. New York: Harmony, 1994.

Zukowsky, John, ed. *Chicago Architecture, 1872-1922: Birth of a Metropolis*. Munich: Prestel-Verlag in Association with the Art Institute of Chicago, 1987.

내주

(李淸志 1991, 222-27) (吳哲夫 1991, 359-62) (정만득 1984, 113-21)

(Mayakovsky 1994, 136-38) (McCullers 1994, 144-49)

(Whitman 1994, 270-74) (Draper 1987, 107-10)

(Harrington 1987, 189-207) (안윤모 1984, 231-37)

(沈嵎俊 1991) (이보영 등 1984)

(Sexton and Powers 1994, 136-38) (Zukowsky 1987, 107-10)

참고문헌(내주)

沈嵎俊, 編譯. 1991. **中國古書版本鑑定硏究**. 서울: 中央大學校 出版部.

안윤모. 1984. 미국인민주의 운동의 성격. 이보영 등, **미국사연구서설**, 231-54.

吳哲夫. 1991. 中國의 版畵書. 沈嵎俊, **中國古書版本鑑定硏究**, 358-80.

이보영, 등. 1984. **미국사연구서설**. 서울: 일조각.

李淸志. 1991. 明代中葉以後刻版의 特徵. 沈嵎俊, **中國古書版本鑑定硏究**, 219-47.

정만득. 1984. 미국사에 있어서의 프론티어. 이보영 등, **미국사연구서설**, 113-34.

Draper, Joan E. 1987. Paris by the Lake: Sources of Burnham's Plan of Chicago. In Zukowsky, *Chicago Architecture,* 107-19.

Harrington, Elaine. 1987. International influences on Henry Hobson Richardson's Glessner House. In Zukowsky, *Chicago Architecture,* 189-207.

Mayakovsky, Vladimir. 1994. Brooklyn bridge. Trans. Max Hayward and George Reavey. In Sexton and Powers, *The Brooklyn Reader,* 136-41.

McCullers, Carson. 1994. Brooklyn is my neighborhood. In Sexton and Powers, *The Brooklyn Reader,* 143-47.

Whitman, Walt. 1994. Crossing Brooklyn Ferry. In Sexton and Powers, *The Brooklyn Reader,* 267-74.

Sexton, Andrea Wyatt, and Alice Lewccese Powers, eds. 1994. *The Brooklyn reader: thirty writers celebrate America's favorite borough*. New York: Harmony.

Zukowsky, John, ed. 1987. *Chicago architecture, 1872-1922: Birth of a metropolis*. Munich: Prestel-Verlag in Association with the Art Institute of Chicago.

[예21] 전집(Series) (17.90-95)

1) 전집 및 다권본 표제 (17.90)

각주

121) **대우학술총서**, 60 (서울: 민음사, 1991), 58:42-53.

122) **永嘉世稿**, 木板本, 4卷2冊 ([刊地未詳]: 立巖精舍, [刊年未祥]).

123) 이현상, 송영란, 편, *Well-Being Life,* 전2권 (서울: 랜덤하우스중앙, 2004), 2:72.

124) *Child Welfare Monograph Series*, no. 1-20 (Minneapolis: University of Minnesota Press, 1938), 5:30-32.

125) Martion J. Ball, ed., *Studies in Speech Pathology and Clinical Linguistics*, 10 vols. (Amsterdam: John Benjamins Pub. Co., 1995).

참고문헌(각주)

대우학술총서. 60. 서울: 민음사, 1991.

永嘉世稿. 木板本. 4卷2冊. [刊地未詳]: 立巖精舍, [刊年未詳].

이헌상, 송영란, 편. *Well-Being Life*. 전2권. 서울: 랜덤하우스중앙, 2004.

Ball, Martion J., ed. *Studies in Speech Pathology and Clinical Linguistics*. 10 vols. Amsterdam: John Benjamins Pub. Co., 1995.

Child Welfare Monograph Series. No. 1-20. Minneapolis: University of Minnesota Press, 1938.

내주

(이헌상, 송영란 2004, 58:42)

(**대우학술총서** 1991, 2:72)

(*Child Welfare Monograph Series* 1938, 5:30-32)

(Ball 1995)

(**永嘉世稿** [刊年未詳])

참고문헌(내주)

대우학술총서. 1991. 60. 서울: 민음사.

永嘉世稿. [刊年未詳]. 木板本. 4卷2冊. [刊地未詳]: 立巖精舍.

이헌상, 송영란, 편. 2004. *Well-being life*. 전2권. 서울: 랜덤하우스중앙.

Ball, Martion J., ed. 1995. *Studies in speech pathology and clinical linguistics*. 10 vols. Amsterdam: John Benjamins Pub. Co.

Child welfare monograph series. 1938. No. 1-20. Minneapolis: University of Minnesota Press.

2) 전집 및 다권본의 각 권 표제 (17.90)

각주

126) 千惠鳳, **韓國書誌學**, 대우학술총서 58 (서울: 민음사, 1991), 42.

127) 이두영, **온천 & 스파여행,** Well-Being Life, 이헌상, 송영란 편, 2 (서울: 랜덤하우스 중앙, 2004), 72.

128) 權漢功, **一齋先生逸稿**, 永嘉世稿 第1卷, 木板本, 4卷2冊 ([刊地未詳]: 立巖精舍, [刊年未詳]).

129) Theta Holmes Wolf, *The Effects of Praise and Competition on the Persisting Behavior of Kindergarten Children*, Child Welfare Monograph Series no. 15 (Minneapolis: University of Minnesota Press, 1938), 33-38.

130) Lise Menn et al., *Non-Fluent Aphasia in a Multilingual World*, Studies in Speech Pathology and Clinical Linguistics, ed. Martion J. Ball, vol. 5 (Amsterdam: John Benjamins Pub. Co., 1995), 119-20.

131) Robert Wauchope, *A Tentative Sequence of Pre-Classic Ceramics in Middle America*, Middle American Research Records, vol. 1, no. 14 (New Oreleans, LA: Tulane University, 1950), 97.

*전집의 총서번호는 ','가 있는 것은 있는 대로, 없는 것은 없는 대로 기재한다. 그리고 총서번호가 없는 것은 전집명만 기재한다.

참고문헌(각주)

權漢功. **一齋先生逸稿.** 永嘉世稿 第1卷. 木板本. 4卷2冊. [刊地未詳]: 立巖精舍, [刊年未詳].

이두영. **온천 & 스파여행.** Well-Being Life, 이헌상, 송영란 편, 2. 서울: 랜덤하우스중앙, 2004.

千惠鳳. **韓國書誌學.** 대우학술총서 58. 서울: 민음사, 1991.

Menn, Lise, et al. *Non-Fluent Aphasia in a Multilingual World.* Studies in Speech Pathology and Clinical Liguistics, ed. Martion J. Ball, vol. 5. Amsterdam: John Benjamins Pub. Co., 1995.

Wauchope, Robert. *A Tentative Sequence of Pre-Classic Ceramics in Middle America.* Middle American Research Records, vol. 1, no. 14. New Oreleans, LA: Tulane

University, 1950.

Wolf, Theta Holmes. *The Effects of Praise and Competition on the Persisting Behavior of Kindergarten Children.* Child Welfare Monograph Series no. 15. Minneapolis: University of Minnesota Press, 1938.

내주

(千惠鳳 1991, 42)	(Wolf 1938, 33-38)	(Menn et al. 1995, 119-20)
(이두영 2004, 72)	(權漢功 [刊年未祥])	(Wauchope 1950, 97)

참고문헌(내주)

權漢功. [刊年未祥]. **一齋先生逸稿**. 永嘉世稿 第1卷. 木板本. 4卷2冊. [刊地未詳]: 立巖精舍.

이두영. 2004. **온천 & 스파여행.** Well-being life, 이헌상, 송영란 편, 2. 서울: 랜덤하우스중앙.

千惠鳳. 1991. **韓國書誌學.** 대우학술총서 58. 서울: 민음사.

Menn, Lise, et al. 1995. *Non-fluent aphasia in a multilingual world.* Studies in Speech Pathology and Clinical Liguistics, ed. Martion J. Ball, vol. 5. Amsterdam: John Benjamins Pub. Co.

Wauchope, Robert. 1950. *A tentative sequence of pre-classic ceramics in Middle America.* Middle American Research Records, vol. 1, no. 14. New Oreleans, LA: Tulane University.

Wolf, Theta Holmes. 1938. *The effects of praise and competition on the persisting behavior of kindergarten children.* Child Welfare Monograph Series no. 15. Minneapolis: University of Minnesota Press.

*영어서명은 내주형식에 따라 이탤릭체 소문자로 기재하고, 총서명은 자료에 나타난 대로 기재한다.

3) 전집에 포함된 다권본 (17.94)

각주

132) **아시아의 역사와 문화**, 제1권, **중국사: 고대**, 박건주 편, 새론서원, 8, 아시아총서, 전10권 (서울: 신서원, 1997), 89-92.

133) 菅江眞澄, **菅江眞澄遊覽記**, 內田武志, 宮本常一 編譯, 全5卷, 東洋文庫 80, 89, 96, 104, 112 (東京: 平凡社, 昭和40-44[1965-69]), 2:27-39.

134) José Antonio Ferrer Benimeli, *Masoneria, iglesia e illustration*, vol. 1, *Las bases de un conflito (1700-1739)*, Publicaciones de la Fundacion Universitaria Espariola, Monografias 17 (Madrid, 1976).

참고문헌(각주)

菅江眞澄. **菅江眞澄遊覽記**. 內田武志, 宮本常一 編譯. 全5卷. 東洋文庫 80, 89, 96, 104, 112. 東京: 平凡社, 昭和40-44[1965-69].

아시아의 역사와 문화. 제1권, **중국사: 고대**, 박건주 편. 새론서원, 8, 아시아총서. 전10권. 서울: 신서원, 1997.

Ferrer Benimeli, José Antonio. *Masoneria, iglesia e illustration*. Vol. 1, *Las bases de un conflito (1700-39)*. Publicaciones de la Fundacion Universitaria Espariola, Monografias 17. Madrid, 1976.

내주

(Ferrer Benimeli 1976)

(菅江眞澄 1965-69, 2:27-39)

(**아시아의 역사와 문화** 1997, 1:89-92)

참고문헌(내주)

菅江眞澄. 1965-69. **菅江眞澄遊覽記**. 內田武志, 宮本常一 編譯. 全5卷. 東洋文庫 80, 89, 96, 104, 112. 東京: 平凡社.

아시아의 역사와 문화. 1997. 제1권, **중국사: 고대**, 박건주 편. 새론서원, 8, 아시아총서. 전10권. 서울: 신서원.

Ferrer Benimeli, José Antonio. 1976. *Masoneria, iglesia e illustration.* Vol. 1, *Las bases de un conflito (1700-39).* Publicaciones de la Fundacion Universitaria Espariola, Monografias 17. Madrid.

[예22] 사전, 백과사전 (17.238,239)

각주

135) 李弘稙, 編, **國史大事典** (서울: 백만사, 1973), s.v. "임오군란(壬午軍亂)."

136) *McGraw-Hill Encyclopedia of Electronics and Computers*, 2nd ed. (New York: McGraw-Hill Bk. Co., 1988), s.v. "Joule's law," by L. G. Hoston and J. W. Stewart.

137) *Encyclopaedia Britannica*, 15th ed. (Chicago: Encyclopaedia Britannica Inc., 1988), s.v. "The Buddha and Buddhism."

138) *Encyclopaedia Britannica Online,* s.v. "Sibelius, Jean," http://search.eb.com/bol/topic?eu=69347&sctn=1 (accessed January 3, 2002).

*s.v. = sub verbo, "under the word"; 복수는 s.vv.

참고문헌(각주)

李弘稙, 編. **國史大事典.** 서울: 백만사, 1973.

Encyclopaedia Britannica. 15th ed. Chicago: Encyclopaedia Britannica Inc., 1988.

Encyclopaedia Britannica Online. http://search.eb.com/bol/topic?eu=69347&sctn=1 (accessed January 3, 2002).

McGraw-Hill Encyclopedia of Electronics and Computers. 2nd ed. New York: McGraw-Hill Bk. Co., 1988.

내주

("임오군란," **國史大事典** 1973) = (**國史大事典** 1973, s.v. "임오군란")

("Joule's law," in *MaGraw-Hill Encyclopedia of Electronics and Computers* 1988) = (Hoston and Stewart 1988, "Joule's law")

("Sibelius, Jean," in *Encyclopaedia Britannica Online* 1988) = (*Encyclopaedia Britannica Online,* 15th ed., s.v. "Sibelius, Jean")

참고문헌(내주)

"임오군란." 1973. **國史大事典**. 李弘稙 編. 서울: 백만사.

"Joule's law." 1988. In *McGraw-Hill enclopedia of electronics and computers.* 2nd ed. New York: McGraw-Hill Bk. Co.

= Hoston, L. G., and J. W. Stewart. 1988. "Joule's law." In *McGraw-Hill enclopedia of electronics and computers.* 2nd ed. New York: McGraw-Hill Bk. Co.

"Sibelius, Jean." 1988. In *Encyclopaedia Britannica.* 15th ed. Chicago: Encyclopaedia Britannica Inc.

[예23] 법령 (17.309,310,321,356)

각주

139) **과학기술기본법**, 법률 제7218호(2004.9.23 일부개정), 제26조, 제3항.
140) **산업연구원법**, 법률 제3538호(1981.12.31 제정), 제14조.
141) U.S. Constitution, art. 2, sec. 1, cl. 3
142) *Extradition Act, Statutes of Canada* [or SC] 1999, c. 18, s. 1.
143) *Canada Wildlife Act, RSC* 1985, c. W-9, s. 1
144) *Declaratory Judgement Act, U.S. Code,* vol. 28 (1952), *sec.* 2201-2.
145) Illinois Constitution, art. 2, sec. 2, http://www.legis.state.il.us/commission/Irb/commain.htm (accessed Dec. 16, 2005).

참고문헌(각주)

한국. **과학기술기본법.** 법률 제7218호(2004.9.23 일부개정). 제26조, 제3항.

한국. **산업연구원법.** 법률 제3538호(1981.12.31 제정). 제14조.

Canada. *Canada Wildlife Act. RSC* 1985. c. W-9, s. 1

Canada. *Extradition Act. Statutes of Canada* [or SC] 1999. c. 18, s. 1.

Illinois Constitution. art. 2, sec. 2. http://www.legis.state.il.us/commission/Irb/commain.htm (accessed Dec. 16, 2005).

U.S. Constitution. Art. 2, sec. 1, cl. 3.

U.S. *Declaratory Judgement Act. U.S. Code.* Vol. 28 (1952). sec. 2201-2.

*영어에서는 법률의 '장, 절, 항' 등은 모두 약자나 심볼로 기재한다.
*RSC = Revised Statutes of Canada(캐나다 개정법률). c.=ch.=chapter(章).
s.=sec.=section(條, 節). par.=paragraph(項) art.=article(條). cl.=clause(節, 項).
amend.=amendment(미국헌법의 조정조항)

내주

(Illinois Constitution) (Canada 1999) (Canada 1985)

(U.S. Constitution) (U.S. 1952) (한국 1981, 제14조)

(한국 2004, 제26조, 제3항)

참고문헌(내주)

한국. 1981. **산업연구원법.** 법률 제3538호(12.31 제정). 제14조.

한국. 2004. **과학기술기본법.** 법률 제7218호(9.23 일부개정). 제26조, 제3항.

Canada. 1985. *Canada Wildlife Act. RSC.* c. W-9, s. 1.

Canada. 1999. *Extradition Act. Statutes of Canada* [or SC]. c. 18, s. 1.

Illinois Constitution. Art. 2, sec. 2. http://www.legis.state.il.us/commission/Irb/commain.htm (accessed Dec. 16, 2005).

U.S. 1952. *Declaratory Judgement Act. U.S. Code.* Vol. 28, *sec.* 2201-2.

U.S. Constitution. art. 2, sec. 1, cl. 3.

*법률은 각주에서는 법률명을 중심으로 기재하고, 참고문헌에서는 그 법이 미치는 행정단위명을 중심으로 기재한다.
*법률의 각주는 '법률명, 법률번호 (제정 및 개정년월일), 제×조, 제×항'의 형식으로 기재하고, 참고문헌은 '국명이나 지명. 법률명. 법률번호 (제정 및 개정년월일). 제×조, 제×항'의 형식으로 기재한다.
*법률의 내주는 '(국명 제정 및 개정년도, 제×조, 제×항)'의 형식으로 기재한다. 참고문헌은 '국명이나 지명. 제정 및 개정년도. 법률명. 법률번호 (제정 및 개정월일). 제×조, 제×항'의 형식으로 기재한다.

III. 보고서 (17.241,306)

■ 각주 형식

개인명: 동양인명 - 저자명. 서양인명 - 저자 이름 성으로 기재.
단체명: 처음은 완전명, 두 번째 이하 약명
보고서는 한국어명은 진하게, 영어명은 이탤릭체로 기재

주번호) 저자명, **보고서표제** (발행지: 발행처, 발행년), 인용면수, 보고서번호.

보고서번호는 마지막에 기재

■ 참고문헌(각주) 형식

대상: 개인명, 단체명 / 기재방법: 1인, 2-3인, 4인 이상, 단체명…
표제는 '본표제: 부표제'의 형식으로 기재
동양어는 진하게, 영어는 이탤릭체로 기재
발행지는 발행처가 위치한 도시명을 기재
보고서번호는 마지막에 기재

저자명, 역할어. **보고서표제**. 발행지: 발행처, 발행년. 보고서번호

저(著) 이외의 편, 역, 주 등의 역할어를 기재
발행처의 구성을 위한 용어는 제외하고 식별이 가능한 범위에서 간략히 기재

■ 내주 형식

개인명: 동양인명 - 저자명. 서양인명 - 저자 성만 기재
단체명: 처음은 완전명, 두 번째 이하 약명
보고서발행년도는 서기년도로 기재
동일 년도에 저작한 한 저자의 2개 이상의 자료는 발행년도에 식별문자 기재
예: 1999a. 1999b. 1999c.

(저자명 보고서발행년, 인용면수)

인용자료에 나타낸 면수 표시
예: vi. 7. 19-20. A2.

■ **참고문헌(내주) 형식**

대상: 개인명. 단체명.
기재방법: 1인. 2-3인.
4인 이상. 단체명…

표제는 '본표제: 부표제'의 형식으로 기재
영어표제는 처음문자와 고유명사 이외는
모두 소문자로 기재
동양어는 진하게, 영어는 이탤릭체로 기재

발행지는 도시명을 기재

저자명, 역할어. 보고서발행년. **보고서표제**. 발행지: 발행처. 보고서 번호.

최종 발행년을 서기년도로 기재
저(著) 이외의 편. 역. 주 등의 역할어를 기재
문서번호를 부기

[예24] 기술 및 연구 보고서

각주

146) 김세직 등, **국제금융체제 개편의 주요쟁점 연구, 2000년 12월 30일** (서울: 대외경제정책연구원, 2000), 31-33, 정책연구 00-10.

147) 대우경제연구소, **종합상사와 제조업체간 수출협력방안 연구, 2000년 3월** (서울: 동연구소, 2000), 72-80, 2000-07.

148) 이영식, **진주시 귀곡동 구동유적 발굴조사 보고서** (부산: 인제대학교 가야문화연구소, 1997).

149) 中嶋幹起, **湘方言調査報告**, 言語文化叢書 20(上册), 24(下册) (東京: 言語文化研究所, 昭和62[1987]/平成2[1990]), 上:57.

150) 末廣いく子, "子ども文庫の特色<その多様性>," **子どもの豊かさを求めて: 全國子ども文庫調査報告書**, 全國子文庫調査實行委員會 編, 37-53 (東京: 日本圖書館協會, 1984), 38.

151) R. G. Broadhurst & R. A. Maller, *Sex Offending and Recidivism* (Nedlands, Western Australia: University of Western Australia, Crime Research Centre, 1991), 20, Tech. Rep. No. 3.

152) Employee Benefit Research Institute, *Sources of Health Insurance and Characteristics of the Uninsured, February 1992* (Washington, DC: Author, 1992), Issue Brief No. 123.

153) J. Mazzeo, B. Druesne, P. C. Raffeld, K. T. Checketts, & A. Muhlstein, *Comparability of Computer and Paper-and-pencil Scores for Two CLEP General Examinations* (Princeton, NJ: Educational Testing Service, 1991), College Board Rep. No. 91-5.

154) B. N. Taylor, *Guide for the Use of the International System of Units (SI), April 1995,* 1995 Edition. (Gaithersburg, MD: National Institute of Standards and Technology, 1995), NTIS

Special Publication 811.

155) B. N. Taylor, *Guide for the Use of the International System of Units (SI), April 1995,* 1995 Edition, from National Institute of Standards and Technology Web site: http://physics.nist.gov/Document/sp811.pdf, NTIS Special Publication 811 (accessed June 25, 2003).

참고문헌(각주)

김세직, 등. **국제금융체제 개편의 주요쟁점 연구, 2000년 12월 30일**. 서울: 대외경제정책연구원, 2000. 정책연구 00-10.

대우경제연구소. **종합상사와 제조업체간 수출협력방안 연구, 2000년 3월**. 서울: 동 연구소, 2000. 2000-07.

末廣いく子. "子ども文庫の特色<その多様性>." **子どもの豊かさを求めて: 全國子ども文庫調査報告書**, 全國子文庫調査實行委員會 編, 37-53. 東京: 日本圖書館協會, 1984.

이영식. **진주시 귀곡동 구동유적 발굴조사 보고서**. 부산: 인제대학교 가야문화연구소, 1997.

中嶋幹起. **湘方言調査報告**. 言語文化叢書 20(上冊), 24(下冊). 東京: 言語文化研究所, 昭和62[1987]/平成2[1990].

Broadhurst, R. G., & R. A. Maller. *Sex Offending and Recidivism*. Nedlands, Western Australia: University of Western Australia, Crime Research Centre, 1991. Tech. Rep. No. 3.

Employee Benefit Research Institute. *Sources of Health Insurance and Characteristics of the Uninsured, February 1992*. Washington, DC: Author, 1992. Issue Brief No. 123.

Mazzeo, J., B. Druesne, P. C. Raffeld, K. T. Checketts, & A. Muhlstein. *Comparability of Computer and Paper-and-pencil Scores for Two CLEP General Examinations*. Princeton, NJ: Educational Testing Service, 1991. College Board Rep. No. 91-5.

Taylor, B. N. *Guide for the Use of the International System of Units (SI), April 1995*.

1995 Edition. Gaithersburg, MD: National Institute of Standards and Technology, 1995. NTIS Special Publication 811.

--------. *Guide for the Use of the International System of Units (SI), April 1995.* 1995 Edition. From National Institute of Standards and Technology Web site: http://physics.nist.gov/Document/sp811.pdf. NTIS Special Publication 811 (accessed June 25, 2003).

내주

(김세직 등 2000)

(이영식 1997)

(Broadhurst & Maller 1991)

(Employee Benefit Research Institute 1992)

(未廣いく子 1984, 38)

(대우경제연구소 2000)

(Mazzeo et al. 1991, 38-40)

(中嶋幹起 1984/1990, 上:57)

(Taylor 1995a, 89-92)

(Taylor 1995b)

*기술 및 연구보고서의 내주는 '(저작자 발행년, 면수)'의 형식으로 기재한다.

참고문헌(내주)

김세직, 등. 2000. **국제금융체제 개편의 주요쟁점 연구, 2000년 12월 30일**. 서울: 대외경제정책연구원. 정책연구 00-10.

대우경제연구소. 2000. **종합상사와 제조업체간 수출협력방안 연구, 2000년 3월**. 서울: 동 연구소. 2000-07.

未廣いく子. 1984. 子ども文庫の特色<その多様性>. **子どもの豊かさを求めて: 全國子ぞも文庫調査報告書**, 全國子文庫調査實行委員會 編, 37-53. 東京: 日本圖書館協會.

이영식. 1997. **진주시 귀곡동 구동유적 발굴조사 보고서**. 부산: 인제대학교 가야문화연구소.

中嶋幹起. 1984(昭和62)/1990(平成2). **湘方言調査報告**. 言語文化叢書 20(上冊),

24(下冊). 東京: 言語文化研究所.

Broadhurst, R. G., & R. A. Maller. 1991. *Sex offending and recidivism*. Nedlands, Western Australia: University of Western Australia, Crime Research Centre. Tech. Rep. No. 3.

Employee Benefit Research Institute. 1992. *Sources of health insurance and characteristics of the uninsured, February 1992*. Washington, DC: Author. Issue Brief No. 123.

Mazzeo, J., et al. 1991. *Comparability of computer and paper-and-pencil scores for two CLEP general examinations*. Princeton, NJ: Educational Testing Service. College Board Rep. No. 91-5.

Taylor, B. N. 1995a. *Guide for the use of the international system of units (SI), April 1995*. 1995 edition. Gaithersburg, MD: National Institute of Standards and Technology. NTIS Special Publication 811.

Taylor, B. N. 1995b. *Guide for the use of the International System of Units (SI), April 1995*. 1995 edition. From National Institute of Standards and Technology Web site: http://physics.nist.gov/Document/ sp811.pdf. NTIS Special Publication 811 (accessed June 25, 2003).

*보고서는 Chicago Manual Style에는 나타나 있지 않으므로 Turabian Style의 11.32-33,36을 적용하였다.
*보고서의 기재는 '저작자. 발행년. 보고서명. 발행지: 발행자. 보고서 번호'의 형식으로 기재한다. 발행년은 보고서의 발행 연월일을 기재한다.
*전자자료는 발행사항 다음에 'internet site의 명칭: 인터넷 주소 (인용을 위한 검색일자)'의 형식으로 기재한다.

[예25] 정부기관 보고서 (17.306)

각주

156) 건설교통부, **도로용량 편람작성을 위한 기초연구** (서울: 건설교통부, 1981), KHS-2000-10.

157) 經濟企劃廳國民生活局, 編, **家庭機能施策充實方向關調査報告書, 昭和59年 5月** (東京: 大藏省印刷局, 昭和59[1981]), 227-301.

158) 文部省大臣官房調査統計課, **學校基本調査報告書: 初等中等教育, 昭和48年度** (東京: 大藏省印刷局 , 昭和50[1975]), 230-331, 指定統計 第13號.

159) U.S. Department of Health and Human Services, *Pressure Ulcers in Adults: Prediction and Prevention* (Rockville, MD: Author, 1992), AHCPR Pubglication No. 92-0047.

160) Bureau of Intelligence and Research, *Indicators of Comparative East-West Economic Strength, 1981*, by L. Kornei, 7 December 1982, 5, NTIS, AD-A145 450/3.

161) *Act of 18 March 1983 on Nuclear Third Party Liability (LRCN)* (Paris: French Government, 1983), 6, NTIS, DE84780322.

참고문헌(각주)

건설교통부. **도로용량 편람작성을 위한 기초연구**. 서울: 건설교통부, 1981. KHS-2000-10.

日本. 經濟企劃廳國民生活局, 編. **家庭機能施策充實方向關調査報告書, 昭和59年 5月**. 東京: 大藏省印刷局, 昭和59[1981].

日本. 文部省大臣官房調査統計課. **學校基本調査報告書: 初等中等教育, 昭和48年度**. 東京: 大藏省印刷局, 昭和50[1975]. 指定統計 第13號.

Act of 18 March 1983 on Nuclear Third Party Liability (LRCN). Paris: French Government, 1983. NTIS, DE84780322.

U.S. Bureau of Intelligence and Research. *Indicators of Comparative East-West Economic Strength, 1981.* By L. Kornei. 7 December 1982. NTIS, AD-A145 450/3.

U.S. Department of Health and Human Services. *Pressure Ulcers in Adults: Prediction and Prevention*. Rockville, MD: Author, 1992. AHCPR Pubglication No. 92-0047.

내주

(건설교통부 1981) (日本. 經濟企劃廳國民生活局 1981, 227-301)

(U.S. Department of Health and Human Services 1992)

(U.S. Bureau of Intelligence and Research 1982, 5)

(日本. 文部省大臣官房調査統計課 1975, 230-331)

(*Act of 18 March* 1983, 6)

참고문헌(내주) ....

건설교통부. 1981. **도로용량 편람작성을 위한 기초연구**. 서울: 건설교통부. KHS-2000-10.

日本. 經濟企劃廳國民生活局, 編. 1981(昭和59). **家庭機能施策充實方向關調查報告書, 昭和59年 5月**. 東京: 大藏省印刷局.

日本. 文部省. 大臣官房調查統計課. 1975(昭和50). **學校基本調查報告書: 初等中等教育, 昭和48年度**. 東京: 大藏省印刷局. 指定統計 第13號.

Act of 18 March 1983 on Nuclear Third Party Liability (LRCN). 1983. Paris: French Government. NTIS, DE84780322.

U.S. Bureau of Intelligence and Research. 1982. *Indicators of comparative east-west economic strength, 1981*. By L. Kornei. 7 December. NTIS, AD-A145 450/3.

U.S. Department of Health and Human Services. 1992. *Pressure ulcers in adults: Prediction and prevention*. Rockville, MD: Author. AHCPR Pubglication No. 92-0047.

*외국의 정부기관명은 상위기관명으로 국명을 기재한다.

IV. 연속간행물

표지

ISSN 1225-0902

한국도서관·정보학회지

Journal of Korean Library and Information Science Society

Vol. 31 No. 4 2000. 12

한국도서관·정보학회

Korean Library and Information Science Society

표제지

한국도서관·정보학회지

제31권 제4호 (2000. 12) (통권 181호)

– 목 차 –

디니털정보 환경에서의 기업체 정보봉사 ....김용근 / 1

데이터마이닝기법 검색엔진...................... 김성희. 이수연 / 21

교회도서관규정개발에 관한 연구................. ....김명옥 / 49

....

....

각주

1) 김성희, 이수연, “데이터마이닝기법 검색엔진,” **한국도서관·정보학회지** 31, no. 4 (2000): 22.

참고문헌(각주)

김성희, 이수연. “데이터마이닝기법 검색엔진.” **한국도서관·정보학회지** 31, no. 4 (2000): 21-48.

내주

(김성희, 이수연 2000, 22)

참고문헌(내주)

김성희, 이수연. 2000. 데이터마이닝기법 검색엔진. **한국도서관·정보학회지** 31, no. 4:21-48.

■ 각주 형식

연구자명은 단행본(도서) 기재형식과 동일

식별이 필요한 자료명은 ()에 발행단체명을 부기
자료명은 동양어-진하게. 영어-이탤릭체

주번호) 연구자명, "논문명," **자료명**(발행단체명) 권, 호 (연월차): 인용면수.

권.호는 아라비아 숫자로,
해당 권.호의 연월차는 ()로 기재
논문명은 인용부호로 자료에 표시된 문자를 기재
인용면수는 부분인용일 때 기재

■ 참고문헌(각주) 형식

단행본(도서)의 각주와 동일한 방법으로 기재
논문명은 인용부호로 자료에 표시된 문자를 기재
부논문명은 "논문명: 부논문명"으로 기재
논문이 수록된 권.호.를 기재,
그리고 연월차는 ()에 기재

연구자명. "논문명." **자료명**(발행단체명) 권, 호 (연월차): 수록면수.

식별이 필요한 자료명은 단체명을 ()로 부기. 자료명은 동양어는 진하게, 영어는 이탤릭체로 기재

논문이 수록된 논문집의 처음-마지막 면수 기재

인용면수

): 68.	): 1313-17.	): 84-117.	): S174-S199	
): B13-B14	): 573-86.	): 10-29.	): 22-25.	): 51-67.

*권연차표시: ① 권호의 기재는 연차를 연도를 함께 기재한다. ② 권의 기재는 연차에 해당 연월일을 기재한다. ③ 연간 계속면수는 권과 연도로 표시한다.
*'The', 'An', 'A'로 시작하는 간행물명은 관사를 제외한 지명으로 기재하고, 'Der'로 시작하는 간행물명은 다음 단어의 뒤에 ','로 구분하여 부기하기도 한다.
The New England Journal of Medicine → New England Journal of Medicine.

The Time → Time Der Spiegel → Spiegel = Spiegel, Der.

■ 내주 형식

연구자명은 단행본(도서)과 동일한 방법으로 기재
동양인명: 성 이름. 서양인명: 성. 단체명: 상위단체명, 하위단체명 또는 단체명의 약자

(연구자명 발행년, 인용면수)

단행본(도서)과 동일: 자료에 나타난 면수표시를 그대로 기재
해당 간행물이 발행된 서기연도로 기재

■ 참고문헌(내주) 형식

단행본(도서)의 참고문헌과 동일한 방법으로 기재
논문명은 인용부호 없이, 처음자와 고유명사만 대문자로 기재.
부논문명이 있는 것은 '본논문명: 부논문명' 형식으로 기재
권.호와 해당 년월을 기재
월, 계절, 일을 기재

연구자명. 발행년. 논문명. **자료명**(발행단체명) 권, 호 (연월차): 수록면수.

간행물명은 영문은 이탤릭체,
동양어는 진하게 기재. 식별이
필요한 경우 ()에 발행단체명 기재

수록된 '처음
면수-마지막
면수'로 기재

해당 권호의 발행년을 서기년도로 기재

[예26] 학술논문 (17.151-179)

각주

162) 김남석, "대구부립도서관과 일제의 식민지정책," **한국도서관·정보학회지** 32, no. 4 (2001): 5.

163) 西野 玄, "仁川居留地に關する一考察: 仁川日本居留地埋立問題を中心に," **朝鮮學報** 第194輯 (平成18[2005]年 1月): 66-73.

164) 김종태, 정혜윤, "신문과 방송자료의 데이터베이스시스템 구축," **정보과학회지** 29, no. 4 (1995): 43.

165) 水崎 誠, 大西潤一, 吉富功修, "幼兒·兒童の話聲位に關する研究: 話聲位測定における音聲サンプルの選擇," **日本教科教育學會誌** 25, no. 4 (2003): 71.

= 165) Makoto Mizusaki, Junichi Ohnishi, and Katsunobu Yoshitomi, "A Study of Speaking Fundamental Frequency of Children: An Appropriate Speech Sample to Measure Them," *The Bulletin of Japanese Curriculum Research and Development* 25, no. 4 (2003): 71. (in Japanese).

166) John W. Bennett, "The Interpretation of Pueblo Culture: A Question of Values," *Southeastern Journal of Anthropology* 2 (1981): 363.

167) Martha J. Zachert and Robert V. Willians, "Marketing Measures for Information Services," *Special Libraries* 77, no. 2 (Spring 1986): 61-70.

참고문헌(각주)

김남석. "대구부립도서관과 일제의 식민지정책." **한국도서관·정보학회지** 32, no. 4 (2001): 1-23.

김종태, 정혜윤. "신문과 방송자료의 데이터베이스시스템 구축." **정보과학회지** 29, no. 4 (1995): 41-53.

西野 玄. "仁川居留地に關する一考察: 仁川日本居留地埋立問題を中心に." **朝鮮學報** 第194輯 (平成18[2005]年 1月): 53-55.

水崎 誠, 大西潤一, 吉富功修. "幼兒·兒童の話聲位に關する研究: 話聲位測定における音聲サンプルの選擇." **日本教科教育學會誌** 25, no. 4 (2003): 53-127.

= Mizusaki, Makoto, Junichi Ohnishi, and Katsunobu Yoshitomi. "A Study of Speaking Fundamental Frequency of Children: An Appropriate Speech Sample to Measure Them." *The Bulletin of Japanese Curriculum Research and Development* 25, no. 4 (2003): 53-127. (in Japanese)

Bennett, John W. "The Interpretation of Pueblo Culture: A Question of Values." *Southeastern Journal of Anthropology* 2 (1981): 363-75.

Zachert, Martha J., and Robert V. Willians. "Marketing Measures for Information Services." *Special Libraries* 77, no. 2 (Spring 1986): 61-70.

내주

(西野 玄 2005, 53-55) (Bennett 1946, 361)

(水崎 誠, 大西潤一, 吉富功修 2003, 69-70)

= (Mizusaki, Ohnishi, and Yoshitomi 2003, 69-70)

(Zachert and Willians 1986, 61-70) (김종태, 정혜윤 1995, 5)

참고문헌(내주)

김종태, 정혜윤. 1995. 신문과 방송자료의 데이터베이스시스템 구축. **정보과학회지** 29, no. 4:41-53.

西野 玄. 2005. 仁川居留地に關する一考察: 仁川日本居留地埋立問題を中心に. **朝鮮學報** 第194輯 (1月): 53-127.

水崎 誠, 大西潤一, 吉富功修. 2003. 幼兒·兒童の話聲位に關する研究: 話聲位測定における音聲サンプルの選擇. **日本教科教育學會誌** 25, no. 4:69-78.

= Mizusaki, Makoto, Junichi Ohnishi, and Katsunobu Yoshitomi. 2003. A study of speaking fundamental frequency of children: An appropriate speech sample to measure them. *The Bulletin of Japanese Curriculum Research and Development* 25, no. 4:53-127. (in Japanese)

Bennett, John W. 1946. The interpretation of Pueblo culture: A question of values. *Southeastern Journal of Anthropology* 2:361-74.

Zachert, Martha J., and Robert V. Willians. 1986. Marketing measures for information services. *Special Libraries* 77, no. 2 (Spring): 61-70.

[**연속게재 자료**](17.172)

각주

168) 김남석, 박준식, "저자기호법의 발전과정," **도서관**(국립중앙도서관) 49, no.

1(1994): 20-21; 49, no. 2 (1994): 5-6, 19-20.

169) Harrison T. Meserole and James M. Rambeau, "Articles on American Literature Appearing in Current Periodicals," *American Literature* 52 (1981): 690-700, 53 (1982): 171-80, 350-59.

170) George C. Brown, ed., "A Swedish Traveler in Early Wisconsin: The Observations of Frederika Bremer," pts. 1 and 2, *Wisconsin Magazine of History* 61 (Summer 1978): 333; 62 (Autumn 1978): 42-45.

참고문헌(각주)

김남석, 박준식. "저자기호법의 발전과정." **도서관**(국립중앙도서관) 49, no. 1 (1994): 3-21; 49, no. 2 (1994): 3-22.

Brown, George C., ed. "A Swedish Traveler in Early Wisconsin: The Observations of Frederika Bremer." Pts. 1 and 2. *Wisconsin Magazine of History* 61 (Summer 1978): 300-48; 62 (Autumn 1978): 41-56.

Meserole, Harrison T., and James M. Rambeau. "Articles on American Literature Appearing in Current Periodicals." *American Literature* 52 (1981): 688-705; 53 (1982): 164-80, 348-59.

내주

(김남석, 박준식 1994, 49, no. 1:20-21; 49, no. 2:5-6, 19-20)

(Meserole and Rambeau 1981, 52:689; 1978, 53:165, 349-50)

(Brown 1978, 61:333; 62:42-25)

참고문헌(내주)

김남석, 박준식. 1994. 저자기호법의 발전과정. **도서관**(국립중앙도서관) 49, no. 1:3-21; 49, no. 2:3-22.

Brown, George C., ed. 1978. A Swedish Traveler in Early Wisconsin: The Observations of Frederika Bremer. Pts. 1 and 2. *Wisconsin Magazine of History* 61

(Summer): 300-48; 62 (Autumn): 41-56.

Meserole, Harrison T., and James M. Rambeau. 1981-1982. Articles on American Literature Appearing in Current Periodicals. *American Literature* 52:688-705; 53:164-80, 348-59.

[예27] 학회발표자료 (17.71; 17.215)

각주

171) 김태수, "전거제어시스템의 개발," **한국도서관·정보학회 하계학술발표회**, 1-12 (부산: 한국도서관·정보학회, 1998).

172) 김남석, "공공도서관정책 어떻게 할 것인가?" **제29회 全國圖書館大會主題發表論文, 1991년 10월 31일-11월 2일, 제주도**, 41-58 (서울: 한국도서관협회, 1991), 45.

173) 한상완, "미래형 대학도서관 모형개발 연구," **한국문헌정보학회 학술발표논집** 제2집 (1995): 6.

174) Barbara F. Freed, ed., "Foreign Language Acquisition Research and the Classroom," in *Proceedings of Consortium for Language Teaching and Learning Conference*, 17-22 (Lexington: Heath, 1991), 17.

175) Jill Mann, "Chaucer and the 'Woman Question'," in *This Noble Craft: Proceedings of the Tenth Research Symposium of the Dutch and Belgian University Teachers of Old and Middle English and Historical Linguistics, Utrecht,* edited by Erik Kooper, 173-88 (Amsterdam: Rodopi, 1991).

176) George Psacharopoulos and Keith Hincliffe, "Tracer Study Guidelines" (Washington, DC: World Bank, Education Department, 1983, photocopied), 5. ← 미간행자료

참고문헌(각주)

김남석. "공공도서관정책 어떻게 할 것인가?" **제29회 全國圖書館大會主題發表論文, 1991년 10월 31일-11월 2일, 제주도**, 41-58. 서울: 한국도서관협회, 1991.

김태수. "전거제어시스템의 개발." **한국도서관·정보학회 하계학술발표회**, 1-12. 부산: 한국도서관·정보학회, 1998.

한상완. "미래형 대학도서관 모형개발 연구." **한국문헌정보학회 학술발표논집** 제2집 (1995): 3-71.

Freed, Barbara F., ed. "Foreign Language Acquisition Research and the Classroom." In *Proceedings of Consortium for Language Teaching and Learning Conference,* 17-22. Lexington: Heath, 1991.

Mann, Jill. "Chaucer and the 'Woman Question'." In *This Noble Craft: Proceedings of the Tenth Research Symposium of the Dutch and Belgian University Teachers of Old and Middle English and Historical Linguistics, Utrecht,* edited by Erik Kooper, 173-88. Amsterdam: Rodopi, 1991.

Psacharopoulos, George, and Keith Hincliffe. "Tracer Study Guidelines." Washington, DC: World Bank, Education Department, 1983. Photocopied. → 미간행자료

내주

(Freed 1991, 17) (김남석 1991, 45) (김태수 1998, 10)

(한상완 1995, 6) (Mann 1991, 173)

(Psacharopoulos and Hincliffe 1983, 5)

참고문헌(내주)

김남석. 1991. 공공도서관정책 어떻게 할 것인가? **제29회 全國圖書館大會主題發表論文, 1991년 10월 31일-11월 2일, 제주도**, 41-58. 서울: 한국도서관협회.

김태수. 1998. 전거제어시스템의 개발. **한국도서관·정보학회 하계학술발표회**, 1-12. 부산: 한국도서관·정보학회.

한상완. 1995. 미래형 대학도서관 모형개발 연구. **한국문헌정보학회 학술발표논집** 제2집: 3-71.

Freed, Barbara F., ed. 1991. Foreign language acquisition research and the classroom. In *Proceedings of consortium for language teaching and learning conference,* 17-22. Lexington: Heath.

Mann, Jill. 1991. Chaucer and the 'Woman Question'. In *This noble craft: Proceedings of the tenth research symposium of the Dutch and Belgian University teachers of old and middle English and historical linguistics, Utrecht,* edited by Erik Kooper, 173-88. Amsterdam: Rodopi.

Psacharopoulos, George, and Keith Hincliffe. 1983. Tracer Study Guidelines. Washington, DC: World Bank, Education Department. Photocopied. → 미간행자료

*학회의 발표자료는 다권본의 장의 인용형식에 준하여 발표자를 중심으로 발표자료명, 수록자료명, 발표일시, 장소, 권차, 발표자료의 수록면수 등을 기재한다.

[예28] 일반잡지 및 신문기사

1) 잡지기사 (17.183-187)

각주

177) 이정훈, "햇볓정책의 그늘, 무너지는 대북공작," **신동아,** 2001년 8월, 180.

178) 齋藤 健, "政か官かからの脫却: 戰後民主主義の忘れもの," **中央公論**, 1998年 12월, 46.

179) 유용원, "한국도 이젠 군수기술 선진국 대열에 들었다," **주간조선**, 2005년 7월 11일, 10-11.

180) Robert Karen, "Becoming Attached," *Atlantic*, February 1990, 54-55.

181) Bruce Weber, "The Myth Maker: The Creative Mind of Novelist E. L. Doctorow," *New York Times Magazine*, 20 October 1985, 42.

*일반잡지는 '저자명, "기사명," 잡지명, 년월차, 인용면수'의 형식으로 기재한다.
*기사명은 ""으로 기재하고, 동양어 잡지명은 진하게, 영어 잡지명은 이탤릭체로 기재한다.
*년월차는 월간지는 '년 월,' 계간지는 '년 계절명,' 주간지'는 '년월일'을 기재한다.

참고문헌(각주)

유용원. "한국도 이젠 군수기술 선진국 대열에 들었다." **주간조선**, 2005년 7월 11일, 10-12.

이정훈. "햇볕정책의 그늘, 무너지는 대북공작." **신동아,** 2001년 8월, 178-95.

齋藤 健. "「政か官か」からの脫却: 戰後民主主義の忘れもの." **中央公論**, 1998年

12월, 44-56.

Karen, Robert. "Becoming Attached." *Atlantic*, February 1990, 54-55.

Weber, Bruce. "The Myth Maker: The Creative Mind of Novelist E. L. Doctorow." *New York Times Magazine*, 20 October 1985, 42.

*참고문헌은 학술지의 경우와 동일하나 권차가 없이 연월차를 그대로 기재하는 것이 다르다. 이때 지명과 연월차는 ','로 구분한다.

내주

(이정훈 2001) (Karen 1990) (유용원 2005, 10)

(Weber 1985, 42) ("Currents in the news" 1980) (齋藤 健 1998, 46)

*내주형식은 학술지의 경우와 동일하다. 저작자가 없이 기사명이 내주로 기재될 때는 " "으로 묶어 기재한다.

참고문헌(내주)

유용원. 2005. 한국도 이젠 군수기술 선진국 대열에 들었다. **주간조선**, 7월 11일, 10-12.

이정훈. 2001. 햇볕정책의 그늘, 무너지는 대북공작. **신동아**, 8월, 178-95.

齋藤 健. 1998.「政か官か」からの脱却: 戦後民主主義の忘れもの. **中央公論**, 12월, 44-56.

Weber, Bruce. 1985. The myth maker: The creative mind of novelist E. L. Doctorow. *New York Times Magazine*, 20 October, 42-43.

Currents in the news. 1980. *U.S. News and World Report*, 11 February, 54-55.

Karen, Robert. 1990. Becoming attached. *Atlantic*, February, 35-70.

*내주의 참고문헌에서 저자명 다음에 오는 년차는 해당되는 년도만 표시하고, 월일은 권차표시로 기재한다.
*내주의 참고문헌는 기사명에 " "를 사용하지 않는다.

2) 신문기사 (17.188-190)

각주

182) 김명섭, "바이오문명의 중심이 되려면," **朝鮮日報**, 2005년 6월 9일, A30.

= 182) **朝鮮日報**, "바이오문명의 중심이 되려면," 2005년 6월 9일, A30.

183) "보험사, 은행업 허용 논란," **朝鮮경제**, 2005년 6월 8일, B2.

= 183) **朝鮮경제**, "보험사, 은행업 허용 논론," 2005년 6월 8일, B2.

184) "國際貢獻「主體的に」," **朝日新聞**, 2005年 4月 15日, 3版, 3面.

185) 山崎正晴, "日系企業は中國人社員守れ," **朝日新聞**, 2005年 4月 15日, 15版, 12面.

186) Tyler Marshall, "200th Birthday of Grimms Celebrated," *Los Angeles Times*, March 15, 1985, sec. 1A, 3.

= 186) *Los Angeles Times*, "200th Birthday of Grimms Celebrated," March 15, 1985, sec. 1A, 3.

187) Michael Norman, "The Once-Simple Folk Tale Analyzed by Academe," *New York Times*, March 5, 1984, 15(N).

= 187) *New York Times*, "The Once-Simple Folk Tale Aanalyzed by Academe," March 5, 1984, 15(N).

*신문기사는 '저자명, "기사명," 신문명, 년월차, 인용면수'의 형식으로 기재한다.
*기사명은 " "으로 묶어 기재하고, 동양어 신문명은 진하게, 영어 신문명은 이탤릭체로 기재하고, 연월차는 주간지나 일간지는 '년 월 일'을 기재한다.

참고문헌(각주)

"國際貢獻「主體的に」." **朝日新聞**, 2005年 4月 15日, 3版, 3面.

김명섭. "바이오문명의 중심이 되려면." **조선일보**, 2005년 6월 9일, A30

"보험사, 은행업 허용 논란." **朝鮮경제**, 2005년 6월 8일, B2.

山崎正晴. "日系企業は中國人社員守れ." **朝日新聞**, 2005年 4月 15日, 15版, 12面.

Marshall, Tyler. "200th Birthday of Grimms Celebrated." *Los Angeles Times*, 15 March 1985, sec. 1A, 3.

Norman, Michael. "The Once-Simple Folk Tale Analyzed by Academe." *New York Times*, 5 March 1984, 15(N).

내주(기사명을 중심으로)

(김명섭 2005, A30)　　(Marshall 1985, sec. 1A, 3)

("보험사, 은행업 허용 논란" 2005, B2)　　(Norman 1984, 15(N))

("國際貢獻「主體的に」" 2005, 3版, 3面)　　(山崎正晴 2005, 15版, 12面)

*내주형식은 학술지와 동일하다. 저자가 없이 기사명이 기재될 때는 ""으로 묶어 기재하고, 년차는 년도만 기재한다.

참고문헌(내주)

國際貢獻「主體的に」. 2005. **朝日新聞**, 4月 15日, 3版, 3面.

김명섭. 2005. 바이오문명의 중심이 되려면. **朝鮮日報**, 6월 9일, A30.

보험사, 은행업 허용 논란. 2005. **朝鮮경제**, 6월 8일, B2.

山崎正晴. 2005. 日系企業は中國人社員守れ. **朝日新聞**, 4月 15日, 15版, 12面.

Marshall, Tyler. 1985. 200th birthday of Grimms celebrated. *Los Angeles Times*, March 15, sec. 1A, 3.

Norman, Michael. 1984. The once-simple folk tale analyzed by academe. *New York Times*, 5 March, 15(N).

*내주의 참고문헌은 저자명 다음에 오는 년차는 해당되는 년도만 표시하고, 월일은 권차표시로 기재한다. 그리고 기사명은 ""으로 묶어 기재하지 않는다.

내주(신문명을 중심으로)(17.195)

(**朝鮮日報** 2005)　　(**朝鮮경제** 2005)

(*Lost Angeles Times* 1985)　　(*New York Times* 1984)

(**朝日新聞** 2005, 3版, 3面)　　(**朝日新聞** 2005, 15版, 12面)

참고문헌(내주)

朝鮮日報. 2005. 바이오문명의 중심이 되려면, 김명섭. 6월 9일, A30.

朝鮮경제. 2005. 보험사, 은행업 허용 논란. 6월 8일, B2.

朝日新聞. 2005. 國際貢獻「主體的に」. 4月 15日, 3版, 3面.

朝日新聞. 2005. 日系企業は中國人社員守れ, 山崎正晴. 4月 15日, 15版, 12面.

Los Angeles Times, 1985. 200th birthday of Grimms celebrated. March 15, sec. aA, 3.

New York Times. 1984. The once-simple folk tale analyzed by academe. March 5, 15(N).

*영어신문명은 'Le, Die, 등'은 ','로 구분하여 다음 단어의 뒤에 부기한다.
Le Monde → Monde, Le (Paris)　La Prensa → Prensa, La (Buenos Aires)
Die Süddeutsche Zeitung → Süddeutsche Zeitung, Die

3) 연재물 (17.186)

각주

188) 이규태, "李圭泰코너," **조선일보**, 2004년 6월 5일; 2005년 6월 10일, 8월 16일.

189) Molly O'Neill, "Food," *New York Times Magazine*, 18 October, 22 November 1998; 10 January, 9 May 1999; 2 April 2000.

참고문헌(각주)

이규태. "李圭泰코너." **조선일보**, 2004년 6월 5일, 10일; 2005년 6월 10일, 8월 16일.

O'Neill, Molly. "Food." *New York Times Magazine*, 18 October, 22 November 1998; 10 January, 9 May 1999; 2 April 2000.

내주

(이규태 2004-05)　　(O'Neill 1998-2000)

참고문헌(내주)

이규태. 2004-05. 李圭泰코너. **조선일보**, 2004년 6월 5일; 2005년 6월 10일, 8월 16일.

O'Neill, Molly. 1998-2000. Food. *New York Times Magazine*, 18 October, 22 November 1998; 10 January, 9 May 1999; 2 April 2000

*연재물은 수록 일자를 영어는 '일 월 년'으로, 한국어는 '년 월 일'로 기재한다.

[예29] 리뷰(Review) 및 서평

각주

190) 김길중, "외길 조이스 연구가의 애정과 야심," **J. 조이스 문학의 이해**의 서평, 김종건, **영어영문학** 39, no. 3 (1993): 683.

191) John Upike, "Fine Poits," review of *The New Fowler's Modern English Usage*, ed. R. W. Burchfield, *New Yorker,* 23-30 December 1996, 142.

192) Rev. of *Anthology of Danish Literature*, ed. F. J. Billeskov Jansen and P. M. Mitchell, *Times Literary Supplement,* 7 July 1972, 785.

참고문헌(각주)

김길중. "외길 조이스 연구가의 애정과 야심." **J. 조이스 문학의 이해**의 서평, 김종건. **영어영문학** 39, no. 3 (1993): 681-83.

Rev. of *Anthology of Danish Literature*, ed. F. J. Billeskov Jansen and P. M. Mitchell. *Times Literary Supplement,* 7 July 1972, 785.

Upike, John. "Fine Poits." Rev. of *The New Fowler's Modern English Usage,* ed. R. W. Burchfield. *New Yorker,* 23-30 December 1996, 142-49.

내주

(김길중 1993, 683) (Upike 1996, 142) (Rev. of *Anthology of* 1972, 785)

참고문헌(내주)

김길중. 1993. 외길 조이스 연구가의 애정과 야심. **J. 조이스 문학의 이해**의 서평, 김종건. **영어영문학** 39, no. 3:681-83.

Rev. of *Anthology of Danish literature.* 1972. Ed. F. J. Billeskov Jansen and P. M. Mitchell. *Times Literary Supplement,* 7 July, 785.

Upike, John. 1996. Fine Poits. Rev. of *The new fowler's modern English usage,* ed. R. W. Burchfield. *New Yorker,* 23-30 Dec., 142-49.

[예30] 인터뷰자료 (17.204-207)

각주

193) 백승균 (철학자, 전 계명대학교 부총장), 저자와 인터뷰, 2005년 7월 9일, 대구.

194) 천혜봉 (서지학자, 성균관대학교 명예교수), 박문열 인터뷰, 2005년 5월 10일, 서울, 테이프 수록, 청주대학교 도서관.

195) Andrew Macmillan (principal adviser, Investment Center Division, FAO), in discussion with the author, September 1998.

196) Harold Washington (mayor of Chicago), interview by author, 23 September 1985, Chicago, tape recording, Chicago Historical Society, Chicago.

197) 미셀 깡드쉬, "개방시대의 한국의 선택," 사공일 대담, **세계석학과의 대담**, EBS, 1995년 1월 5일.

198) 曾野綾子 (小說家, 日本財團會長), "日本人, 惡狀況愉," 田原總一朗 對談, **中央公論** 113년, 제13호 (1998. 12): 61-65.

참고문헌(각주)

깡드쉬, 미셀. "개방시대의 한국의 선택." 사공일 대담. **세계석학과의 대담**, EBS, 1995년 1월 5일.

백승균, 철학자, 전 계명대학교 부총장. 저자와 인터뷰, 2005년 7월 9일, 대구.

曾野綾子, 小說家, 日本財團會長. "日本人, 惡狀況愉." 田原總一朗 對談. **中央公論** 113년, 제13호 (1998. 12): 58-69.

천혜봉, 서지학자, 성균관대학교 명예교수. 박문열과 인터뷰, 2005년 5월 10일, 서울. 테이프.

Mcmillan, Andrew, Principal adviser, Investment Center Division, FAO. In discussion with the author, September 1998.

Washington, Harold, Mayor of Chicago. Interview by author, 23 September 1985, Chicago. Tape recording. Chicago Historical Society, Chicago.

내주

(백승균 2005)	(천혜봉 2005)	(曾野綾子 1998)
(McMillan 1998)	(Washington 1985)	(깡드쉬 1995)

참고문헌(내주)

깡드쉬, 미셸. 1995. 개방시대의 한국의 선택. 사공일 대담. **세계석학과의 대담**, EBS, 1월 5일.

백승균, 철학자, 전 계명대학교 부총장. 2005. 저자와 인터뷰, 7월 9일, 대구.

曾野綾子, 小說家, 日本財團會長. 1998. 日本人, 惡狀況愉. 田原總一朗 對談. **中央公論** 113년, 제13호 (12月): 58-69.

천혜봉, 서지학자, 성균관대학교 명예교수. 2005. 박문열과 인터뷰, 5월 10일, 서울. 테이프.

Mcmillan, Andrew, Principal adviser, Investment Center Division, FAO. 1998. In discussion with the author, September.

Washington, Harold. Mayor of Chicago. 1985. Interview by author, 23 September, Chicago. Tape recording. Chicago Historical Society, Chicago.

V. 학위논문(미공간). 기타

[예31] 학위논문 (17.214)

■ 각주 형식

연구자는 단행본(도서)과 동일한 방법으로 기재
논문명은 자료에 표시된 문자를 인용부호로 기재
수여 대학교명, 전공명, 소재지명 등을 기재하고,
특수대학원의 경우는 필요에 따라 대학원명도 기재
단행본과 동일

주번호) 연구자, "논문명" (학위명, 수여기관명, 수여연도), 인용면수.

표제지에 나타난 연도
학위명은 '석사학위논문, 박사학위논문'으로 기재

■ 참고문헌(각주) 형식

연구자는 단행본(도서)과 동일한 방법으로 기재
논문명은 자료에 표시된 문자를 인용부호로 기재
학위를 수여한 대학명을 각주와 같이 기재

연구자. "논문명." 학위명, 수여기관명, 수여연도.

표제지에 표시된 연도를 기재
학위명은 '석사학위논문, 박사학위논문' 등으로 기재

■ 내주 형식

연구자는 단행본(도서)과 동일한 방법으로 기재
단행본(도서)과 동일한 방법으로 기재

(연구자명 발행년, 인용면수)

논문 표제지에 나타난 수여연도를 서기연도로 기재

■ 참고문헌(내주) 형식

연구자는 단행본(도서)과 동일한 방법으로 기재
논문명은 인용부호 없이 기재
수여한 대학명을 각주와 같이 기재

연구자. 수여연도. 논문명. 학위명, 수여기관명.

학위명은 '석사학위논문, 박사학위논문'으로 기재
학위논문집의 표제지에 표시된 서기연도

각주

199) 김기원, "관여도에 따른 광고에 대한 태도변인의 타당도 검증" (석사학위논문, 계명대학교, 1992), 123-24.

200) 本岡直子, "外國語讀力構成要因," (博士學位論文, 廣島大學, 2001), 34-38.

201) A. E. Mann, "The Paleodemography of Australopithecus" (Ph.D. diss., University of California, Berkeley, 1978), 35-37.

202) J. Maguire, "A Taxonomic and Ecological Study of the Living and Fossil Hystricidae with Particular Reference to Southern Africa" (Ph.D. diss., Department of Geology, University of the Witwatersrand, Johannesburg, 1976), 78.

참고문헌(각주)

김기원. "관여도에 따른 광고에 대한 태도변인의 타당도 검증." 석사학위논문, 계명대학교, 1992.

本岡直子. "外國語讀力構成要因." 博士學位論文, 廣島大學, 2001.

Maguire, J. "A Taxonomic and Ecological Study of the Living and Fossil Hystricidae with Particular Reference to Southern Africa." Ph.D. diss., Department of Geology, University of the Witwatersrand, Johannesburg, 1976.

Mann, A. E. "The Paleodemography of Australopithecus." Ph.D. diss., University of California, Berkeley, 1978.

내주

(김기원 1992, 123-24) (Mann 1968, 35-7)

(Maguire 1976, 78) (本岡直子 2001, 34-38)

참고문헌(내주)

김기원. 1992. 관여도에 따른 광고에 대한 태도변인의 타당도 검증. 석사학위 논문, 계명대학교.

本岡直子. 2001. 外國語讀力構成要因. 博士學位論文, 廣島大學.

Maguire, J. 1976. A taxonomic and ecological study of the living and fossil hystricidae with particular reference to southern Africa. Ph.D. diss., Department of Geology, University of the Witwatersrand, Johannesburg.

Mann, A. E. 1968. The paleodemography of australopithecus. Ph.D. diss., University of California, Berkeley.

[예32] 학위논문 초록지 (17.245)

각주

203) 김주완, "존재학적 예술철학에 관한 연구: 니콜라디 하르트만의 미학이론을 중심으로" (박사학위논문, 계명대학교, 1994), **學位論文概要集** 第8輯 (1997): 60-61.

204) Alice B. Downright, "Narrative Diffusion and the Professional Editor" (Ph.D. diss., University of Chicago, 1992), Abstract in *Dissertation Abstracts International* 52 (1993): 3245A-3246A

참고문헌(각주)

김주완. "존재학적 예술철학에 관한 연구: 니콜라디 하르트만의 미학이론을 중심으로." 박사학위논문, 계명대학교, 1994. **學位論文概要集** 第8輯 (1997): 60-70.

Downright, Alice B. "Narrative Diffusion and the Professional Editor." Ph.D. diss.,

University of Chicago, 1992. Abstract in *Dissertation Abstracts International* 52 (1993): 3245A-3246A.

내주

(김주완 1997, 60-61)　　　　(Downright 1993, 3245A)

참고문헌(내주)

김주완. 1997. 존재학적 예술철학에 관한 연구: 니콜라이 하르트만의 미학이론을 중심으로. 박사학위논문, 계명대학교, 1994. **學位論文槪要集**(계명대학교) 第8輯: 60-70.

Downright, Alice B. 1993. Narrative diffusion and the professional editor. Ph.D. diss., University of Chicago, 1992. Abstract in *Dissertation Abstracts International* 52: 3245A-3246A.

[예33] Working papers (17.217)

각주

205) R. Ferber, "Family Dcision-Making and Economic Behavior" (working paper 35, College of Commerce and Business Administration, Univ. of Illinois at Urbana-Champaign, 1971).

206) F. O. Bilson, "The Monetary Approach to the Exchange Rate: Some Empirical Evidence" (IMF staff papers, 1978).

207) S. K. Ebrahim, "Volatility Transmission Between Foreign Exchange and Monetary Markets" (working paper, Bank of Canada, 2000).

208) R. Srivastava, and A. Shocker, "Brand Equity: A Perspective in its Meaning and Measurement" (working paper series, Report no. 91-124, Marketing Science Institute, Cambridge, MA, 1991).

참고문헌(각주)

Ferber, R. "Family Decision-Making and Economic Behavior." Working paper 35,

College of Commerce and Business Administration, Univ. of Illinois at Urbana-Champaign, 1971.

Bilson, F. O. "The Monetary Approach to the Exchange Rate: Some Empirical Evidence." IMF staff papers, 1978.

Ebrahim, S. K. "Volatility Transmission Between Foreign Exchange and Monetary Markets." Working paper, Bank of Canada, 2000.

Srivastava, R., and A. Shocker. "Brand Equity: A Perspective in its Meaning and Measurement." Working paper series, Report no. 91-124, Marketing Science Institute, Cambridge, MA, 1991.

내주

(Ferber 1971) (Bilson 1978) (Ebrahim 2000)

(Srivastava and Shocker 1991)

참고문헌(내주)

Bilson, F. O. 1978. The monetary approach to the exchange rate: Some empirical evidence. IMF staff papers.

Ferber, R. 1971. Family decision-making and economic behavior. Working paper 35, College of Commerce and Business Administration, Univ. of Illinois at Urbana-Champaign.

Ebrahim, S. K. 2000. Volatility transmission between foreign exchange and monetary markets. Working paper, Bank of Canada.

Srivastava, R., and A. Shocker. 1991. Brand Equity: A Perspective in its Meaning and Measurement. Working paper series, Report no. 91-124, Marketing Science Institute, Cambridge, MA.

[예34] 재인용 (17.274)

각주

209) 金龍德, "日帝初期의 敎育政策," **文耕**(中央大學校 文理科大學) 第26輯 (1969): 18-20, 鄭在哲, **日帝의 對韓國植民地敎育政策史** (서울: 一志社, 1985), 17에서 재인용.

210) Philip Kotler and Sidney J. Levy, "Broadening the Concept of Marketing," *Journal of Marketing* 33, no. 1 (Jan. 1969): 10-15, 한계문, "도서관의 인터넷 마케팅을 위한 시장세분화 전략," **한국도서관·정보학회지** 34, no. 1 (2003년 3월): 4에서 재인용.

211) William Stanley Jevons, *The Theory of Political Economy*, 2nd ed. rev. (London: McMillan, 1879), 322-24, quoted in Vilfredo Pareto, *Manual of Political Economy*, trans. A. S. Schwier (New York: Augustus M. Kelley, 1971), 34.

참고문헌(각주)

金龍德. "日帝初期의 敎育政策." **文耕**(中央大學校 文理科大學) 第26輯 (1969): 18-20. 鄭在哲, **日帝의 對韓國植民地敎育政策史** (서울: 一志社, 1985), 17에서 재인용.

= 金龍德. "日帝初期의 敎育政策." **文耕**(中央大學校 文理科大學) 第26輯 (1969): 18-20. 鄭在哲 1985, 17에서 재인용.

鄭在哲. **日帝의 對韓國植民地敎育政策史**. 서울: 一志社, 1985.

Kotler, Philip, and Sidney J. Levy. "Broadening the Concept of Marketing." *Journal of Marketing* 33, no. 1 (Jan. 1969): 10-15. 한계문, "도서관의 인터넷 마케팅을 위한 시장세분화 전략," **한국도서관·정보학회지** 34, no. 1 (2003년 3월), 4에서 재인용.

= Kotler, Philip, and Sidney J. Levy. "Broadening the Concept of Marketing." *Journal of Marketing* 33, no. 1 (Jan. 1969): 10-15. 한계문 2003, 4에서 재인용.

한계문. "도서관의 인터넷 마케팅을 위한 시장세분화 전략." **한국도서관·정보학회지** 34, no. 1 (2003년 3월): 4-24.

Jevons, William Stanley. *The Theory of Political Economy*. 2nd ed. rev. London: McMillan,

1879, 322-24. Quoted in Vilfredo Pareto, *Manual of Political Economy,* trans. A. S. Schwier (New York: Augustus M. Kelley, 1971), 34.

= Jevons, William Stanley. *The Theory of Political Economy.* 2nd ed. rev. London: McMillan, 1879, 322-24. Quoted in Pareto 1971, 34.

Pareto, Vilfredo. *Manual of Political Economy.* Trans. A. S. Schwier. New York: Augustus M. Kelley, 1971.

내주

(金龍德 1969, 18-20)

(鄭在哲 1985)

(Jevons 1879, 322-24)

(Pareto 1971)

참고문헌(내주)

金龍德. 1969. 日帝初期의 教育政策. **文耕** (中央大學校 文理科大學) 第26輯: 18-20. 鄭在哲, **日帝의 對韓國植民地教育政策史** (서울: 一志社, 1985), 17에서 재인용.

= 金龍德. 1969. 日帝初期의 教育政策. **文耕** (中央大學校 文理科大學) 第26輯: 18-20. 鄭在哲 1985, 17에서 재인용.

鄭在哲. 1985. **日帝의 對韓國植民地教育政策史**. 서울: 一志社.

Jevons, William Stanley. 1879. *The Theory of political economy.* 2nd ed. rev. London: McMillan, 78-80. Quoted in Vilfredo Pareto, *Manual of political economy,* trans. A. S. Schwier (New York: Augustus M. Kelley, 1971), 34.

= Jevons, William Stanley. 1879. *The Theory of Political Economy.* 2nd ed. rev. London: McMillan, 78-80. Quoted in Pareto 1971, 34.

Pareto, Vilfredo. 1971. *Manual of Political Economy.* Trans. A. S. Schwier. New York: Augustus M. Kelley.

[예35] 재인쇄자료 (17.123-127)

1) 원본을 중심한 인용

각주

212) 이만규, **조선교육사,** 전2권 (서울: 대동사, 1947/1949; 재인쇄, 서울: 거름, 1988), 2:101-12.

213) Jacques Barzun, *Simple and direct: A rhetoric for writers,* rev. ed. (1985; Reprint, Chicago: University of Chicago Press, 1994), 152-53.

참고문헌(각주)

이만규. **조선교육사.** 전2권. 서울: 대동사, 1947/1949. 재인쇄, 서울: 거름, 1988.

Barzun, Jacques. *Simple and direct: A rhetoric for writers.* Rev. ed. 1985. Reprint, Chicago: University of Chicago Press, 1994.

내주

(이만규 1947/1949, 2:101-12) (Barzun 1985)

참고문헌(내주)

이만규. 1947/1949. **조선교육사.** 서울: 대동사. 재인쇄, 서울: 거름, 1988.

Barzun, Jacques. 1985. *Simple and direct: A rhetoric for writers.* Rev. ed. Reprint, Chicago: University of Chicago Press, 1994.

2) 복사본을 중심한 인용

각주

214) 이만규, **조선교육사**, 전2권 (1947/1949; 서울: 거름, 1988 재인쇄), 2:101-12.
= 214) 이만규, **조선교육사**, 전2권 (서울: 거름, 1988), 2:101-12. (원본발행 1947/1949).
215) 玄鎭健, **無影塔**, 韓國現代小說叢書 26, 전29권 (서울: 民族文化, 1986), 1-618. (원

본발행 京城: 博文書館, 昭和14[1939]).

216) Jacques Barzun, *Simple and Direct: A Rhetoric for Writers*, rev. ed. (1985; repr., Chicago: University of Chicago Press, 1994), 152-53.

= 216) Jacques Barzun, *Simple and Direct: A Rhetoric for Writers*, rev. ed. (Chicago: University of Chicago Press, 1994), 152-53. (Orig. pub. 1985).

참고문헌(각주)

이만규. **조선교육사.** 전2권. 1947/1949. 서울: 거름, 1988 재인쇄.

= 이만규. **조선교육사.** 전2권. 서울: 거름, 1988. (원본발행 1947/1949).

玄鎭健. **無影塔.** 韓國現代小說叢書 26. 전29권. 서울: 民族文化, 1986. (원본발행 京城: 博文書館, 昭和14[1939]).

Barzun, Jacques. *Simple and Direct: A Rhetoric for Writers.* Rev. ed. 1985. Reprint, Chicago: University of Chicago Press, 1994.

= Barzun, Jacques. *Simple and Direct: A Rhetoric for Writers.* Rev. ed. Chicago: University of Chicago Press, 1994. (Orig. pub. 1985).

내주

(이만규 1988, 2:101-12)　　(Barzun 1994, 152-53)　　(玄鎭健 1986)

참고문헌(내주)

이만규. 1988. **조선교육사.** 전2권. 1947/1949. 서울: 거름, 재인쇄.

= 이만규. 1988. **조선교육사.** 전2권. 서울: 거름. (원본발행 1947/1949).

玄鎭健. 1986. **無影塔.** 韓國現代小說叢書 26. 전29권. 서울: 民族文化. (원본발행 京城: 博文書館, 昭和14[1939]).

Barzun, Jacques. 1994. *Simple and direct: A rhetoric for writers.* Rev. ed. 1985. Reprint, Chicago: University of Chicago Press.

= Barzun, Jacques. 1994. *Simple and direct: A rhetoric for writers.* Rev. ed. Chicago: University of Chicago Press. (Orig. pub. 1985).

학위명의 약자			
AB	Artium Baccalaureus (Bachelor of Arts)	**AM**	Artium Magister (Master of Arts)
BA	Bachelor of Arts	**BD**	Bachelor of Divinity
BFA	Bachelor of Fine Arts	**BM**	Bachelor of Music
BS	Bachelor of Science; Bachelor of Surgery	**DB**	Divinitatis Baccalaureus (Bachelor of Divinity)
DD	Divinitatis Doctor (Doctor of Divinity)	**DDS**	Doctor of Dental Surgery
DMD	Doctor of Dental Medicine	**DMin (D. Min.)**	Doctor of Ministry
DO	Doctor of Osteopathy	**DVM**	Doctor of Veterinary Medicine
EdD	Doctor of Education	**JD**	Juris Dcotor(Doctor of Law)
LHD	Doctor of Humanities	**LLB(LL.B.)**	Legum Baccalaureus (Bachelor of Laws)
LLD(LL.D.)	Legum Doctor(Doctor of Laws)	**MA**	Master of Arts
		MD	Medicinae Doctor (Doctor of Medicine)
MBA	Master of Business Administration	**MS**	Master of Science in Nursing
MFA	Master of Fine Arts	**PhB(Ph.B.)**	Philosophiae Baccalaureus (Bachelor of Philosophy)
MSW	Master of Social work	**PhG(Ph.G.)**	Graduate in Pharmacy
PhD(Ph.D.)	Philosophiae Doctor (Doctor of Philosophy)		

VI. 비도서자료

[예36] 작곡 (17.263)

각주

217) 임우상, **관현악을 위한 달구벌환상곡** (서울: 예당음악출판사, 1998).

218) Giuseppe Verdi, *Il corsaro (melodrama tragico in Three Acts),* libretto by Francesco Maria Piave, edited by Elizabeth Hudson, 2 vols., The Works of Giuseppe Verdi, ser. 1, Operas (Chicago: University of Chicago Press, 1982; Milan: G. Ricordi, 1998).

219) Ralph Shapey, "Partita for Violin and Thirteen Players," score, 1966, Special Collections, Joseph Regenstein Library, University of Chicago.

참고문헌(각주)

임우상. **관현악을 위한 달구벌환상곡**. 서울: 예당음악출판사, 1998.

Shapey, Ralph. "Partita for Violin and Thirteen Players." Score. 1966. Special Collections, Joseph Regenstein Library, University of Chicago.

Verdi, Giuseppe. *Il corsaro (melodrama tragico in Three Acts)*. Libretto by Francesco Maria Piave. Edited by Elizabeth Hudson. 2 vols. The Works of Giuseppe Verdi, ser. 1, Operas. Chicago: University of Chicago Press, 1982; Milan: G. Ricordi, 1998.

내주

(임우상 1998) (Verdi 1998) (Shapey 1966)

참고문헌(내주)

임우상. 1998. **관현악을 위한 달구벌환상곡**. 서울: 예당음악출판사.

Shapey, Ralph. 1966. "Partita for Violin and Thirteen Players." Score. Special Collections, Joseph Regenstein Library, University of Chicago.

Verdi, Giuseppe. 1998. *Il corsaro (melodrama tragico in Three Acts)*. Libretto by Francesco Maria Piave. Edited by Elizabeth Hudson. 2 vols. The Works of Giuseppe Verdi, ser. 1, Operas. Chicago: University of Chicago Press, 1982; Milan: G. Ricordi.

[예37] 녹음자료 (17.268-269)

각주

220) 안익태, **한국환상곡**, Los Angeles Philharmonic Orchestra, 안익태 지휘, 삼성 Nices SCO-079ETA, compact disc.

221) 임우상, **낙동강**, 이태수 시, 조미련 노래, Daegu City Symphony Orchestra and Chorus, 최홍기 지휘, Muse MSC-007, ⓟⓒ2000, compact disc.

222) 김연준, **청산에 살리라**, 오현명 노래, 지구 XLRL 1-0210, LP.

223) Wolfgang Amadeus Mozart, *Symphony no. 38 in D Major,* Vienna Philharmonic, James Levine, Polydor 423 086-2, compact disc.

224) Janet Baker, *Schubert Songs*, EMI CDC 7 47861 2.

225) Leonard Bernstein, dir., *Symphony no. 5*, by Dmitri Shostakovich, New York Philharmonic, CBS IM 35854.

참고문헌(각주)

김연준. **청산에 살리라.** 오현명 노래. 지구 XLRL 1-0210. LP.

안익태. **한국환상곡.** Los Angeles Philharmonic Orchestra. 안익태 지휘. 삼성Nices SCO-079ETA. Compact disc.

임우상. **낙동강.** 이태수 시. 조미련 노래. Daegu City Symphony Orchestra and Chorus. 최홍기 지휘. Muse MSC-007, ⓟⓒ2000. Compact disc.

Baker, Janet. *Schubert Songs.* EMI CDC 7 47861 2.

Bernstein, Leonard, dir. *Symphony no. 5*, by Dmitri Shostakovich. New York Philharmonic. CBS IM 35854.

Mozart, Wolfgang Amadeus. *Symphony no. 38 in D Major.* Vienna Philharmonic. James Levine. Polydor 423 086-2. Compact disc.

내주

(김연준 1983)	(안익태 [n.d.])	(Mozart 1983)
(임우상 2000)	(Baker [n.d.])	(Bernstein [n.d.])

참고문헌(내주)

김연준. 1983. **청산에 살리라.** 오현명 노래. 지구 XLRL 1-0210. LP.

안익태. [n.d.]. **한국환상곡.** Los Angeles Philharmonic Orchestra. 안익태 지휘. 삼성Nices SCO-079ETA. Compact disc.

임우상. 2000. **낙동강.** 이태수 시. 조미련 노래. Daegu City Symphony Orchestra and Chorus. 최홍기 지휘. Muse MSC-007, ⓟⓒ. Compact disc.

Baker, Janet. [n.d.]. *Schubert Songs.* EMI CDC 7 47861 2.

Bernstein, Leonard, dir. [n.d.]. *Symphony no. 5.* By Dmitri Shostakovich. New York Philharmonic. CBS IM 35854.

Mozart, Wolfgang Amadeus. 1983. *Symphony no. 38 in D major.* Vienna Philharmonic. James Levine. Polydor 423 086-2. Compact disc.

[예38] CD-ROM, DVD-ROM, DVD, Videocassette (17.271-273)

각주

226) **서편제**, DVD, 임권택 감독, 이태원 제작, 기획 (서울: 태흥영화사, 1999).

227) **재미있는 족보 이야기**, 푸른방송 제작 (대구: 푸른방송, 2000), 비디오테이프.

228) *Oxford English Dictionary*, 2nd ed., CD-ROM, version 2.2 (Oxford University Press).

229) *Complete National Geographic: 110 Years of National Geographic Magazine*, CD-ROM (Mindscape, 2000).

230) "Crop Duster Attack," *North by Northwest*, DVD, directed by Alfred Hitchcock (1959; Burbank, CA: Warner Home Video, 2000).

231) John Cleese et al., "Commentaries," Disc 2, *Monty Python and the Holy Grail*, special ed. DVD, directed by Terry Gilliam and Terry Jones (Culver City, CA: Columbia Tristar Home

Etnertainment, 2001).

232) George Frederic Handel. *Messiah*, selections, VHS, Atlanta Symphony Orchestra and Chamber Chorus, cond. by Robert Shaw (Batavia, OH: Videc Treasures, 1988).

233) *You Can Count on Me,* produced by M. Scorsese, directed by K. Lonergan (United States: Paramount Pictures, 2000). 251), motion picture.

234) *Responding Therapeutically to Patient Expressions of Sexual Attraction: A Stimulus Training Tape,* produced by American Psychological Association (2000) (Available from the American Psychological Association, 750 First Street, NE., Washington, DC 20002-4242), motion picture.

235) *In the Shadow of Vesuvius,* produced by National Geographic Society (Washington, DC: The Society), videotape.

참고문헌(각주)

서편제. DVD. 임권택 감독. 이태원 제작, 기획. 서울: 태흥영화사, 1999.

재미있는 족보 이야기. 푸른방송 제작. 대구: 푸른방송, 2000. 비디오테이프.

Cleese, John, et al. “Commentaries.” Disc 2. *Monty Python and the Holy Grail*. Special ed. DVD. Directed by Terry Gilliam and Terry Jones. Culver City, CA: Columbia Tristar Home Etnertainment, 2001.

Complete National Geographic: 110 Years of National Geographic Magazine. CD-ROM. Mindscape, 2000.

“Crop Duster Attack.” *North by Northwest.* DVD. Directed by Alfred Hitchcock. 1959; Burbank, CA: Warner Home Video, 2000.

Handel, George Frederic. *Messiah*, selections. VHS. Atlanta Symphony Orchestra and Chamber Chorus. Cond. by Robert Shaw. Batavia, OH: Video Treasures, 1988.

In the Shadow of Vesuvius. Produced by National Geographic Society. Washington, DC: The Society. Videotape.

Oxford English Dictionary. 2nd ed. CD-ROM. Version 2.2. Oxford University Press.

Responding Therapeutically to Patient Expressions of Sexual Attraction: A Stimulus Training

Tape. Produced by American Psychological Association. 2000 (Available from the American Psychological Association, 750 First Street, NE., Washington, DC 20002-4242). Motion picture.

You Can Count on Me. Produced by M. Scorsese. Directed by K. Lonergan. United States: Paramount Pictures, 2000. Motion picture.

*DVD-ROM, CR-ROM 등은 표제 뒤에 기재하고, Slide, Filmstrips, Videocassette, Motion picture 등은 인용주의 마지막에 기재한다.

내주

(*Oxford English* [n.d.])	(*Complete* 2000)	(Handel 1988)
("Crop duster attack" 2000)	(Cleese et al. 2001)	(**서편제** 1999)
(**재미있는 족보 이야기** 2000)	(*Responding therapeutically* 2000)	
(*In the shadow of Vesuvius* [n.d.])	(*You can count on me* 2000)	

참고문헌(내주)

서편제. 1999. DVD. 임권택 감독. 이태원 제작, 기획. 서울: 태흥영화사.

재미있는 족보 이야기. 2000. 푸른방송 제작. 대구: 푸른방송. 비디오테이프.

Cleese, John, et al. 2001. Commentaries. Disc 2. *Monty python and the holy grail.* Special ed. DVD. Directed by Terry Gilliam and Terry Jones. Culver City, CA: Columbia Tristar Home Etnertainment.

Complete National Geographic: 110 Years of National Geographic Magazine. 2000. CD-ROM. Mindscape.

Crop duster attack. 2000. *North by Northwest.* DVD. Directed by Alfred Hitchcock. 1959; Burbank, CA: Warner Home Video.

Handel, George Frederic. 1988. *Messiah*, selections. VHS. Atlanta Symphony Orchestra and Chamber Chorus. Cond. by Robert Shaw. Batavia, OH: Video Treasures.

In the shadow of Vesuvius. [n.d.]. Produced by National Geographic Society. Washington, DC: The Society. Videotape.

Oxford English Dictionary. [n.d.]. 2nd ed. CD-ROM. Version 2.2. Oxford University Press.

Responding therapeutically to patient expressions of sexual attraction: A stimulus training tape. 2000. Produced by American Psychological Association (Available from the American Psychological Association, 750 First Street, NE., Washington, DC 20002-4242). Motion picrue.

You can count on me. 2000. Produced by M. Scorsese. Directed by K. Lonergan. United States: Paramount Pictures. Motion picture.

[예39] 전자자료 (17.142-147)

■ 각주 형식

도서자료와 동일한 방법으로 기재
자료명은 동양어-진하게 / 영어-이탤릭체
자료명에 유형표시 [eBook] 또는 [전자자료]를 부기
출판사항은 도서자료와 동일

주번호) 저자명, **자료명** [자료유형] (발행지: 발행처, 발행년), 인터넷주소 (인용 연월일)

인용일자 ()로 표시
완전명기입

■ 참고문헌(각주) 형식

도서자료와 동일한 방법으로 기재
자료명은 동양어는 진하게, 영어는 이탤릭체로 기재
도서자료와 동일
완전명으로 기재

저자명. **자료명** [자료유형]. 발행지: 발행처, 발행년. 인터넷주소 (인용 연월일).

자료명에 유형표시 [eBook] 또는 [전자자료]를 부기
인용 연월일을 ()로 표시

■ 내주 형식

동양인명: 성 이름. 서양인명: 성.
단체명: 상위단체명, 하위단체명 또는 단체명의 약자

(저자명 발행년)

자료가 발행된 서기연도를 기재

■ 참고문헌(내주) 형식

도서자료와 동일
서기년도를 기재
자료명은 동양어는 진하게, 영어는 이탤릭체로 기재.
도서자료와 동일
주소는 완전명으로 기재

저자명. 발행년. **자료명** [자료유형]. 발행지: 발행처. 인터넷주소 (인용 연월일).

유형표시 [eBook] 또는 [전자자료]를 부기
인용 연월일을 ()로 표시

1) 단일자료

각주

236) 김태성, **중국사 뒷 이야기** (서울: 실천문학사, 2002), http://www.barobook.com/book/book_detail.asp?bok_seq=14604&pat... (2002년 7월 16일 검색).

237) Henry James, *The Ambassadors* (1909; Project Gutenberg, 1996), ftp://ibiblio.org/pub/docs/books/gutenberg/etext96/ambas10.txt (accessed March 21, 2005).

238) Thomas Paine, *Common Sense* (Champaing, Il.: Project Gutemberg, 1994), http://uiarchive.cso.uiuc.edu/pub/etext/gutenberg/etext94/comsn10.txt (accessed April 18, 2005).

239) Michael Boehnke, Review of *Analysis of Human Genetic Linkage*, 3rd ed., by Jurg Ott, *American Journal of Human Genetics* 66 (2000): 1725, http://www.journals.uchicago.edu/AJHG/ournal/issues /v6n5/001700/001700.htm (accessed July 15, 2005) ← 리뷰자료의 주

참고문헌(각주)

김태성. **중국사 뒷 이야기.** 서울: 실천문학사, 2002. http://www.barobook.com/book/book_detail.asp?bok_seq=14604&pat… (2002년 7월 16일 검색).

Boehnke, Michael. Review of *Analysis of Human Genetic Linkage,* 3rd ed., by Jurg Ott. *American Journal of Human Genetics* 66 (2000): 1725. http://www.journals.uchicago.edu/AJHG/journal/ issues/v6n5/001700/001700.htm (accessed July 15, 2005).

James, Henry. *The Ambassadors.* 1909; Project Gutenberg, 1996. ftp://ibiblio.org/pub/docs/books/gutenberg/etext96/ambas10.txt (accessed March 21, 2005).

Paine, Thomas. *Common Sense.* Champaing, Il.: Project Gutemberg, 1994. http://uiarchive.cso.uiuc.edu/pub/etext/gutenberg/etext94/comsn10.txt (accessed April 18, 2005).

내주

(김태성 2002) (Paine 1994) (Boehnke 2000)

(James 1909) = (James 1909/1996) = (James [1909]1996)

참고문헌(내주)

김태성. 2002. **중국사 뒷 이야기.** 서울: 실천문학사. http://www.barobook.com/book/book_detail. asp?bok_seq=14604&pat... (2005년 4월 16일 검색).

Boehnke, Michael. 2000. Review of *Analysis of Human Genetic Linkage,* 3rd ed., by Jurg Ott. *American Journal of Human Genetics* 66:1725. http://www.journals.uchicago.edu/AJHG/journal/ issues/v66nt/001700/001700.html (accessed July 15, 2005).

James, Henry. 1909. *The ambassadors.* Project Gutenberg, 1996. ftp://ibiblio.org/pub/docs/books/gutenberg/etext96/ambas10.txt (accessed March 21, 2005).

Paine, Thomas. 1994. *Common Sense.* Champaing, Il.: Project Gutemberg. http://uiarchive.cso.uiuc.edu/pub/etext/gutenberg/etext94comsn10.txt (accessed April 18, 2005).

2) 연속간행물 자료 (17.180-181,187)

각주

240) 안인자, "電子情報 書誌記載形式에 대한 硏究," **국회도서관보,** 1998년 1월, http://kowon.dongseo.ac.kr/-stork/way-board/adb/Data/file/nal98012... (2005년 6월 15일 검색).

241) Bernard Testa and Lamont B. Kier, "Emergence and Dissolvence in the Self-Organisation of Complex Systems," *Entropy* 2, no. 1 (2000): 17, http://www.mdpi.org/entropy/papers/e2010001.pdf (accessed March 21, 2005).

참고문헌(각주)

안인자. "電子情報 書誌記載形式에 대한 硏究." **국회도서관보,** 1998년 1월. http://kowon.dongseo.ac.kr/-stork/way-board/adb/Data/file/nal98012··· (2005년 6월 15일 검색).

Testa, Bernard, and Lamont B. Kier. "Emergence and Dissolvence in the Self-Organisation of Complex Systems." *Entropy* 2, no. 1 (March 2000): 1-25. http://www.mdpi.org/entropy/papers/e2010001.pdf (accessed March 21, 2005).

내주

(Testa 2000) (안인자 1998)

참고문헌(내주)

안인자. 1998. 電子情報 書誌記載形式에 대한 硏究. **국회도서관보,** 1월. http://kowon.dongseo.ac.kr/-stork/way-board/adb/Data/file/nal98012... (2005년 6월 15일 검색).

Testa, Bernard, and Lamont B. Kier. 2000. Emergence and Dissolvence in the Self-Organisation of Complex Systems. *Entropy* 2, no. 1 (March): 1-25. http://www.mdpi.org/entropy/papers/e2010001.pdf (accessed March 21, 2005).

VII. Chicago Style의 사용 실례

다음의 예는 Chicago Style의 사용에 대한 보다 많은 실례를 실감 있게 나타내기 위해 실제 내용과는 달리 조작한 예로 제시한 것이다. 이용자는 내주와 각주 중 하나의 Manual을 선택하여 적용해야 한다.

1. 한국어 논문의 사용 예

교육인적자원부에 의하면 2003년과 2004년 전국에서 2,519개교의 도서관이 내부시설을 리모델링하고 도서를 확충하였다고 한다(교육인적자원부 2004, 2; 김종성 2005, 271)[1]. 이러한 사업의 성과로 학교와 지역의 문화를 바꾸어 가는 센터로서 기능하기도 한다는 사실을 확인할 수도 있다.

> 어느 학부모는 학생들이 방과 후에 학원이나 집보다 도서관 가는 것을 좋아하고 점심시간에는 열람석이 없을 정도라고 하였다. 도서관이 이렇게 달라지게 된 것은 2003학년도부터 교육인적자원부 도서관활성화정책연구학교로 지정되면서부터라고 설명하였다(이의대 2004).[2]

몇 년 전까지만 해도 교육부의 담당자를 찾았을 때(김성굉 2002b, 261)[3] 업무분장에도 학교도서관이 없다는 사실을 확인할 수 있었다. 이 사항을 송기호는 "정책의 허구성을 반증하는 것"이라 하고(2002, 280-85)[4], 김용근

---

1) 교육인적자원부, **학교도서관! 아이들이 즐겨찾는 학습센터로 집중 육성**(보도자료) (서울: 교육인적자원부, 2004), 2; 김종성, "사서교사의 직무적응 저해요인과 극복방안에 관한 문화기술적 연구: 대구·경북지역을 중심으로," **한국도서관·정보학회** 36, no. 1 (2005): 271.
2) 이의대, "요즘 의성중학교는," **매일신문**, 2004년 10월 1일, 5면.
3) 김성굉, "시.도교육청의 학교도서관 정책과제," **제40회 전국도서관대회 주제발표논문집** (서울: 한국도서관협회, 2002), 261.
4) 송기호, **제40회 전국도서관대회 주제발표논문집** (서울: 한국도서관협회, 2002), 280-85.

은 "사서직에 대한 제도와 형식들이 내용적으로 충분하게 작동하지 못한 것에 그 원인이 있다"(2004, 17-18)[5]고 지적하였다. 교육부에 학교도서관 담당부서가 설치된 동기는 '학교도서관살리기국민연대'의 출범과 경기도 지역의 시민단체가 주도한 학교도서관운동이라 할 수 있다. 학교도서관 담당부서의 설치는 외적인 자극에 의한 것임을 알 수 있다(김종성 2005, 272; 김성핑 2002a, 109-10)[6]. 계속적인 학교도서관에 대한 발전의 요소는 사서교사의 확대배치가 필수불가결한 요소로 지속적인 정책과 예산의 뒷받침이 있어야 한다.

참고문헌 (각주)

교육인적자원부. **학교도서관! 아이들이 즐겨찾는 학습센터로 집중 육성** (보도자료). 서울: 교육인적자원부, 2004.

김성핑. "시.도교육청의 학교도서관 정책과제." **제40회 전국도서관대회 주제발표논문집,** 251-271. 서울: 한국도서관협회, 2002.

김성핑. "환경으로서의 학교도서관이 필요하다." **학교도서관 활성화 종합방안 공청회 자료집,** 106-113. 서울: 교육인적자원부, 2002.

김용근. "한국 사서직에 대하여." **한국도서관·정보학회** 36, no. 1 (2005): 1-20.

김종성. "사서교사의 직무적응 저해요인과 극복방안에 관한 문화기술적 연구: 대구·경북지역을 중심으로." **한국도서관·정보학회** 36, no. 1 (2005): 237-268.

송기호. **제40회 전국도서관대회 주제발표논문집**. 서울: 한국도서관협회, 2002.

이의대. "요즘 의성중학교는." **매일신문**, 2004년 10월 1일, 5면

5) 김용근, "한국 사서직에 대하여," **한국도서관·정보학회** 36, no. 1 (2005): 17-18.

6) 김종성, 272; 김성핑, "환경으로서의 학교도서관이 필요하다," **학교도서관 활성화 종합방안 공청회 자료집** (서울: 교육인적자원부, 2002), 109-10.

참고문헌(내주)

교육인적자원부. 2004. **학교도서관! 아이들이 즐겨찾는 학습센터로 집중육성** (보도자료). 서울: 교육인적자원부.

김성필. 2002a. 시.도교육청의 학교도서관 정책과제. **제40회 전국도서관대회 주제발표논문집,** 251-71. 서울: 한국도서관협회.

-------. 2002b. 환경으로서의 학교도서관이 필요하다. **학교도서관 활성화 종합방안 공청회 자료집,** 106-13. 서울: 교육인적자원부.

김용근. 2005. 한국 사서직에 대하여. **한국도서관·정보학회** 36, no. 1:1-20.

김종성. 2005. 사서교사의 직무적응 저해요인과 극복방안에 관한 문화기술적 연구: 대구·경북지역을 중심으로. **한국도서관·정보학회** 36, no. 1:237-68.

송기호. 2002. **제40회 전국도서관대회 주제발표논문집.** 서울: 한국도서관협회.

이의대. 2004. 요즘 의성중학교는. **매일신문**, 10월 1일, 5면.

2. 영어 논문의 사용 예

.... Also other promising individual-difference constructs, such as extraversion (H. J. Eysenck 1967, vi-x; M. W. Eysenck 1976, 1977)[1] and field dependency (Dunn, Gould, & Singer 1981; Howell 1980, 1011B; Witkin et al. 1962),[2] should be

1) H. J. Eysenck, *The Biological Basis of Personality* (Springfield, IL: Charles C. Thomas, 1967), vi-x; M. W. Eysenck, "Extraversion, Verbal Learning, and Memory," *Psychological Bulletin* 83 (1976); M. W. Eysenck, *Human Memory: Theory, Research, and Individual Differences* (Elmsford, NY: Pergamon Press, 1977).

2) B. R. Dunn, J. E. Gould, & M. Singer, *Cognitive Style Differences in Expository Prose Recall* (Tech. Rep. No. 210), (Urbana-Champaign: University of Illinois, Center for the Study of Language Processing, 1981). (ERIC Document Reproduction Service No. ED 205 922); W. L. Howell, "Expository Prose Recall by Young, Hospitalized Schizophrenics" (PhD diss., Floria State University, 1989), abstract in *Dissertation*

compared with the analytic-holistic dimension in terms of success in predicting differential recall.

The results have a more indirect implication, which is reflected in the following statement by M. W. Eysenck (1976)[3]:

> In spite of the obvrious importance of individual differences in human learning and memory, relatively few investigators incorporate any measure of intelligence, personality, or motivation into their studies (75).[4]

Given the robustness of these results and the results of others (for reviews, see M. W. Eysenck 1977,[5] and Goodenough 1976, 675-94[6] Hynes et al. 1977[7]), it may behoove memory researchers to pay closer attention to individual differences.

Reference Book (각주)

Dunn, B. R., J. E. Gould, & M. Singer. *Cognitive Style Differences in Expository Prose Recall* (Tech. Rep. No. 210). Urbana-Champaign: University of Illinois, Center for the Study of Language Processing, 1981. ERIC Document Reproduction Service No. ED 205 922.

Eysenck, H. J. *The Biological Basis of Personality*. Springfield, IL: Charles C. Thomas, 1967.

Eysenck, M. W. "Extraversion, Verbal Learning, and Memory." *Psychological*

Abstracts International 41 (1980): 1011B; H. Witkin et al., *Psychological Differentiation: Studies of Field Dependency* (New York: Wiley, 1962).

3) M. W. Eysenck, "Extraversion."

4) M. W. Eysenck, "Extraversion," 75.

5) M. W. Eysenck, *Human Memory*.

6) D. R. Goodenough, "The Role of Individual Differences in Field Dependence as a Factor in Learning and Memory," *Psychological Bulletin* 83 (1976): 675-94.

7) J. T. Hynes et al., *Effects of Mode of Conscious Processing on Recall and Clustering*, paper presented at the Meeting of the Southeastern Psychological Association, Hollywood, FL, February, 1977.

Bulletin 83 (1976): 75-90.

-------. *Human Memory: Theory, Research, and Individual Differences*. Elmsford, NY: Pergamon Press, 1977.

Goodenough, D. R. "The Role of Individual Differences in Field Dependence as a Factor in Learning and Memory." *Psychological Bulletin* 83 (1976): 675-694.

Howell, W. L. "Expository Prose Recall by Young, Hospitalized Schizophrenics." PhD diss., Floria State University, 1989. Abstract in *Dissertation Abstracts International* 41 (1980): 1011B.

Hynes, J. T., et al. *Effects of Mode of Conscious Processing on Recall and Clustering*. Paper presented at the Meeting of the Southeastern Psychological Association, Hollywood, FL, February, 1977.

Witkin, H., et al. *Psychological Differentiation: Studies of Field Dependency*. New York: Wiley, 1962.

Reference Book (내주)

Dunn, B. R., J. E. Gould, & M. Singer. 1981. *Cognitive style differences in expository prose recall* (Tech. Rep. No. 210). Urbana-Champaign: University of Illinois, Center for the Study of Language Processing. ERIC Document Reproduction Service No. ED 205 922.

Eysenck, H. J. 1967. *The biological basis of personality*. Springfield, IL: Charles C. Thomas.

Eysenck, M. W. 1976. Extraversion, verbal learning, and memory. *Psychological Bulletin* 83:75-90.

-------. 1977. *Human memory: Theory, research, and individual differences*. Elmsford, NY: Pergamon Press.

Goodenough, D. R. 1976. The role of individual differences in field dependence as a factor in learning and memory. *Psychological Bulletin* 83:675-694.

Howell, W. L. 1980. Expository prose recall by young, hospitalized schizophrenics. PhD diss., Floria State University, 1989. Abstract in *Dissertation Abstracts International* 41:1011B.

Hynes, J. T., et al. 1977. *Effects of mode of conscious processing on recall and clustering.* Paper presented at the meeting of the Southeastern Psychological Association, Hollywood, FL, February.

Witkin, H., et al. 1962. *Psychological differentiation: Studies of field dependency*. New York: Wiley.

통용 약자			
app.	appendix	**b.**	born; brother
bk.	book	**chap.**	chapter
comp.	compiler	**dept.**	department
ed.	editor	**e.g.**	example
et al.	et alii = and others	**etc.**	et cetera, and so forth
ex.	example	**fig.**	figure
ibid.	*ibidem*, in the same place	**id.**	*idem*, the same
i.e.	*id est*, that is	**introd.**	or intro. introduction
irreg.	irregular	**loc. cit.**	loco citato in the place cited
n.d.	no date	**no.**	number
n.p.	no place	**p.**	page
par.	paragraph	**pl.**	plate; plural
pt.	part	**repr.**	reprint
s.d.	sine die(without day). several date	**s.l.**	*sine loco*, without place
		sec.	section
ser.	series	**univ.**	university
trans.	translated by	**yr.**	year
vol.	volume		

찾 아 보 기

ㅎ

A-Z